主 编◎邱江鸿

化合物半导体产业创新发展研究

以专利导航为视角

知识产权出版社
全国百佳图书出版单位
—北京—

图书在版编目（CIP）数据

化合物半导体产业创新发展研究：以专利导航为视角/邱江鸿主编. —北京：知识产权出版社，2023.5
ISBN 978-7-5130-8720-9

Ⅰ.①化…　Ⅱ.①邱…　Ⅲ.①半导体工业—产业发展—研究—中国　Ⅳ.①F426.63

中国国家版本馆 CIP 数据核字（2023）第 058793 号

内容提要

本书以专利导航的视角，依托专利制度的信息功能和专利分析技术系统导引泉州市化合物半导体产业的发展，结合产业专利数据、市场数据和政策现状等多维度信息，对全球、国内和泉州市化合物半导体产业的发展现状和发展方向进行了深入剖析，对泉州市化合物半导体产业在全球、国内以及福建省内的定位进行了精准研判，围绕"打造产业链安全"提出了针对本地产业上中下游的发展路径与建议，有力地为泉州市化合物半导体产业的下一步发展提供了决策支撑。

本书作为专利导航应用的良好范本，兼具实践性与可操作性，适合化合物半导体产业经济主管部门、行业组织、企事业单位管理人员以及专利信息服务研究人员阅读参考。

责任编辑：程足芬　　　　　　　责任校对：潘凤越
封面设计：杨杨工作室·张冀　　　责任印制：刘译文

化合物半导体产业创新发展研究
——以专利导航为视角
主编　邱江鸿

出版发行：	知识产权出版社有限责任公司	网　址：	http://www.ipph.cn
社　址：	北京市海淀区气象路 50 号院	邮　编：	100081
责编电话：	010-82000860 转 8390	责编邮箱：	chengzufen@qq.com
发行电话：	010-82000860 转 8101/8102	发行传真：	010-82000893/82005070/82000270
印　刷：	天津嘉恒印务有限公司	经　销：	新华书店、各大网上书店及相关专业书店
开　本：	720mm×1000mm　1/16	印　张：	11.75
版　次：	2023 年 5 月第 1 版	印　次：	2023 年 5 月第 1 次印刷
字　数：	186 千字	定　价：	68.00 元

ISBN 978-7-5130-8720-9

出版权专有　侵权必究

如有印装质量问题，本社负责调换。

编 委 会

主　编 邱江鸿
副主编 张　勇　李思莹　黄礼坤
编　委 陈晓鹏　张栌月　杨丕胤　林晓莉
　　　　　吕　媛　王梦奇　陈　琳　陈　醉

前　言
PREFACE

化合物半导体是以砷化镓（GaAs）、磷化铟（InP）、氮化镓（GaN）、碳化硅（SiC）等化合物制造的半导体材料，被广泛应用于光电子、电力电子、通信射频等领域，是目前行业较为关注的半导体材料。目前，泉州市已建立泉州半导体高新技术产业园区，化合物半导体产业发展基础良好。

近年来，泉州市先后印发《泉州市国民经济和社会发展第十四个五年规划和二〇三五年远景目标纲要》《泉州市"十四五"制造业高质量发展专项规划》《泉州市"十四五"战略性新兴产业发展专项规划》等规划，提出聚焦高端化合物半导体项目，加快推进高端氮化镓/砷化镓LED外延及芯片制造、射频生产线、大功率氮化镓激光器生产线、滤波器生产线等系列投资项目投产达产。加快推进泉州芯谷南安科创中心等项目载体建设，打造复合研发、生产、办公等功能的产业园区，引进化合物半导体上下游产业链项目，布局产业链关键环节，打造涵盖"衬底—芯片—封装—应用"的半导体全产业链。

《化合物半导体产业创新发展研究——以专利导航为视角》一书由泉州市知识产权保护中心组织编写，国家专利导航项目（企业）研究和推广中心、华智数创（北京）科技发展有限责任公司协助配合完成。本书以全球化合物半导体产业专利文献数据为基础，同时融合多维度产业信息，聚焦制备工艺、器件模组及器件应用三大技术领域，着重分析了衬底、外延生长、光电子器件、电力电子器件、射频器件、太阳能电池、通信、液晶显示等多个产业环节的专利状况，描绘出化合物半导体产业的技术发展脉络、产业链结构以及产业链中主要创新主体的市场配置格局，从而准确判断泉州市在化合物半导体产业发展中存在的优势和不足。最终，围绕"打造产业链安全"这一总体发展目标，从补强上游制备工艺、提振信心推动中游关键器件国产化与自主化、依托下游应用需求促进中上游加速整合三大实现途径出发，通过专利导航分析确定产业发展路径，引导产业创新资源优化配置，并从知识产权角度给出技术创新提升、本地资源培育、外部资源引进、协同创新等具体路径建议，为精准招商引资、招才引智、合作研发提供参考依据，以促进泉州市化合物半导体产业的创新发展。

本书由邱江鸿主持编写，具体分工为：邱江鸿确立全书编著大纲及各章节要点，并负责书稿审定；张勇、李思莹、黄礼坤负责全书统稿；邱江鸿、张勇、李思莹等执笔撰写第一章；黄礼坤、陈晓鹏、吕媛、杨丕胤等执笔撰写第二章；张栌月、吕媛、王梦奇等执笔撰写第三章；邱江鸿、黄礼坤、张栌月等执笔撰写第四章；邱江鸿、李思莹、张栌月、王梦奇等执笔撰写第五章；张栌月、陈琳、林晓莉、陈醉等负责书中部分数据整理、图表绘制及附录编纂工作。其中，国家知识产权局专利局电学发明审查部吕媛除参与部分章节撰写外，还为本书的编写提出了有益的建议；泉州市有关县（市、区）市场监管局、产业园区管委会等单位也从不同角度为书稿的编著提供了积极支持。本书编撰过程中，吴中培、廖廷俤、王平江、徐莉、傅捷峰、陈雪莹等专家提出了宝贵的意见建议，在此一并表示感谢！

希望本书的出版能够为泉州市化合物半导体产业经济主管部门、行业组织、企事业单位的管理人员以及专利信息服务研究人员提供有益参考，为化合物半导体产业的蓬勃发展提供助力。

目　录

第1章　绪论 ……………………………………………………………… 001
 1.1　化合物半导体产业概况 ………………………………………… 001
 1.2　研究对象及方法 ………………………………………………… 005
  1.2.1　技术范畴与分解 ………………………………………… 005
  1.2.2　研究方法 ………………………………………………… 007
  1.2.3　检索策略及数据来源 …………………………………… 009
 1.3　相关事项说明 …………………………………………………… 010
  1.3.1　近期数据不完整说明 …………………………………… 010
  1.3.2　同族专利 ………………………………………………… 011
  1.3.3　关于专利申请量统计中的"项"和"件"的说明 …………………………………………………………… 011
  1.3.4　关于部分分析指标的说明 ……………………………… 011

第2章　化合物半导体产业发展现状 ……………………………………… 013
 2.1　全球化合物半导体产业发展现状 ……………………………… 013
  2.1.1　全球产业经济环境 ……………………………………… 013
  2.1.2　全球产业政策环境 ……………………………………… 016
  2.1.3　产业链发展现状 ………………………………………… 017

2.1.4 技术链发展现状 ········ 030
2.2 中国化合物半导体产业发展现状 ········ 034
2.2.1 中国产业经济环境 ········ 034
2.2.2 中国产业政策环境 ········ 037
2.3 泉州市化合物半导体产业发展现状 ········ 042
2.3.1 泉州产业发展基础 ········ 042
2.3.2 泉州产业发展规划 ········ 045
2.3.3 泉州产业主体构成 ········ 048
2.3.4 泉州产业发展特点 ········ 051
2.3.5 泉州市化合物半导体产业实地调查 ········ 054

第3章 全球化合物半导体产业专利态势及发展方向 ········ 060
3.1 全球化合物半导体产业专利态势 ········ 060
3.1.1 全球专利申请态势 ········ 060
3.1.2 国家/地区分析 ········ 062
3.1.3 全球创新主体分析 ········ 065
3.2 全球化合物半导体产业发展方向 ········ 075
3.2.1 产业结构调整方向 ········ 075
3.2.2 技术发展热点方向 ········ 079
3.2.3 市场配置重点方向 ········ 084
3.3 小结 ········ 088

第4章 泉州市化合物半导体产业专利态势及发展优劣势 ········ 092
4.1 泉州市化合物半导体产业专利态势 ········ 092
4.1.1 泉州专利申请态势 ········ 092
4.1.2 地域分析 ········ 095
4.1.3 泉州创新主体分析 ········ 100
4.2 泉州市化合物半导体产业发展优势与劣势 ········ 102
4.2.1 与主要国家/地区相比 ········ 102

4.2.2 企业实力优势与劣势 ················ 106
4.2.3 人才实力优势与劣势 ················ 111
4.2.4 协同创新优势与劣势 ················ 118
4.2.5 专利运营优势与劣势 ················ 119
4.3 小结 ···································· 121
4.3.1 泉州市化合物半导体产业专利态势 ········ 122
4.3.2 泉州市化合物半导体产业发展优势与劣势 ··· 123

第5章 泉州市化合物半导体产业发展对策建议 ········ 125

5.1 优化产业创新布局，打造产业链安全 ············ 125
5.1.1 产业创新发展目标 ················ 126
5.1.2 产业技术导向建议目录 ·············· 127
5.2 提升技术创新能力，夯实产业链安全 ············ 132
5.2.1 专利风险应对策略 ················ 132
5.2.2 技术研发路径建议 ················ 138
5.3 夯实本地主体培育，保障产业链安全 ············ 142
5.3.1 做优本地企业培育 ················ 142
5.3.2 做好本地人才培养 ················ 147
5.4 对接外部优质资源，强化产业链安全 ············ 151
5.4.1 聚力外部优质人才招引 ·············· 151
5.4.2 做好外部优质企业引进 ·············· 160
5.5 提升协同创新水平，筑牢产业链安全 ············ 165
5.5.1 健全知识产权保障体系 ·············· 166
5.5.2 强化跨区域协作联动 ················ 167
5.6 围绕应用多重发力，提升产业链安全 ············ 168
5.6.1 抢抓产业发展机遇 ················ 168
5.6.2 促进产业链内循环 ················ 169
5.6.3 聚力"一区三园"互促互融 ············ 170
5.6.4 提升产业品牌形象 ················ 171

图 目 录

图 1-1　第三代半导体衬底材料应用 …………………………… ▶ 004
图 1-2　产业导航研究方法 ……………………………………… ▶ 008

图 2-1　全球半导体各领域预测市场规模 ……………………… ▶ 014
图 2-2　全球及美国、欧洲、中国半导体销售额 ……………… ▶ 015
图 2-3　半导体主流模式演变示意 ……………………………… ▶ 016
图 2-4　全球（除中国大陆外）SiC 半导体产业链图谱 ……… ▶ 018
图 2-5　全球（除中国大陆外）GaN 半导体产业链图谱 …… ▶ 019
图 2-6　中国大陆半导体产业链图谱 …………………………… ▶ 020
图 2-7　国内 SiC 衬底技术指标进展 …………………………… ▶ 031
图 2-8　线上调研问卷结果部分截图（一） …………………… ▶ 055
图 2-9　线上调研问卷结果部分截图（二） …………………… ▶ 056
图 2-10　线上调研问卷结果部分截图（三） ………………… ▶ 056
图 2-11　线上调研问卷结果部分截图（四） ………………… ▶ 057
图 2-12　线上调研问卷结果部分截图（五） ………………… ▶ 058

图 3-1　化合物半导体产业专利申请趋势及专利类型分布 …… ▶ 061
图 3-2　2000 年后化合物半导体产业各二级分支申请量变化趋势 … ▶ 061
图 3-3　化合物半导体产业全球专利申请状态及二级分支的有效
　　　　专利占比 ………………………………………………… ▶ 062
图 3-4　化合物半导体产业技术来源国/地区占比分布 ……… ▶ 063
图 3-5　化合物半导体产业主要技术来源国/地区多维度分析 … ▶ 064
图 3-6　化合物半导体产业主要国家/地区专利市场流向 …… ▶ 064
图 3-7　全球化合物半导体产业环节布局变化趋势 …………… ▶ 076

iv

图目录

图 3-8	化合物半导体产业各二级分支技术生命周期	080
图 3-9	化合物半导体产业各三级分支重点专利分布	082
图 3-10	化合物半导体产业各三级分支研发趋势	083
图 3-11	化合物半导体产业各四级分支研发趋势	084
图 3-12	产业二级分支"走出去"和"走进来"PCT专利申请占比	085

图 4-1	泉州市化合物半导体产业专利申请态势	093
图 4-2	泉州市化合物半导体产业法律状态	094
图 4-3	泉州市化合物半导体产业各三级分支法律状态	095
图 4-4	全国化合物半导体产业主要省市排名	096
图 4-5	福建省内化合物半导体产业区域分布	097
图 4-6	福建主要城市联合申请专利量分布	098
图 4-7	泉州市化合物半导体产业区域分布	099
图 4-8	泉州市化合物半导体产业重点申请人	100
图 4-9	主要国家/地区各二级分支申请量占比	102
图 4-10	主要国家/地区各二级分支申请人数量占比	104
图 4-11	对标城市企业专利申请量定位	107
图 4-12	对标城市企业数量定位	107
图 4-13	泉州及对标城市新进企业申请量及数量占比	109
图 4-14	泉州及对标城市各三级分支企业申请量分布	109
图 4-15	泉州及对标城市各重点头部企业三级分支布局	110
图 4-16	泉州及对标城市产业人才储备和人才创新产出	112
图 4-17	泉州及对标城市各技术分支产业人才储备情况	113
图 4-18	泉州及对标城市科研人才储备和人才创新产出	115
图 4-19	泉州及对标城市各技术分支科研人才储备	116
图 4-20	泉州及对标城市协同创新情况	118
图 4-21	泉州市协同创新情况	119
图 4-22	化合物半导体产业专利运营情况	120

图 5-1	激光器领域近 20 年主要技术来源国家或地区有效专利申请趋势	133
图 5-2	激光器领域各主要国家和地区有效专利分布	134
图 5-3	重点申请人全球专利布局情况	135
图 5-4	激光器领域各主要国家或地区有效、在审及 PCT 指定期内专利数量	136
图 5-5	激光器领域各主要国家或地区有效、在审及 PCT 指定期内专利申请趋势	136
图 5-6	激光器领域各主要国家或地区有效、在审专利流向	137
图 5-7	主要创新主体专利在主要国家或地区有效、在审专利数量	138
图 5-8	重点海外专利技术	139
图 5-9	半导体激光器重点下游应用	140
图 5-10	泉州市化合物半导体企业相关专利申请分布	142
图 5-11	化合物半导体在建项目推荐关注企业	143
图 5-12	发明人平均服务年限	147
图 5-13	我国各地化合物半导体领域高水平产业人才	151
图 5-14	我国各地化合物半导体领域顶尖科研人才	152
图 5-15	与泉州技术同源性较高的研究团队	158
图 5-16	可供引进的企业名单及技术领域分布	163

表目录

表1-1	半导体材料的对比	002
表1-2	半导体材料的物理性能对比	003
表1-3	化合物半导体产业技术分解表	006
表1-4	基本检索结果	010
表2-1	2020年国内企业推出的SiC器件	032
表2-2	"十三五"期间中国集成电路晶圆制造业前十大企业	035
表2-3	"十三五"期间中国集成电路晶圆制造业前十大企业及分布情况	036
表2-4	国家层面半导体相关政策	037
表2-5	各省市半导体产业政策	040
表3-1	化合物半导体产业前15位技术领军企业	065
表3-2	化合物半导体产业前10位新兴势力企业	067
表3-3	化合物半导体产业专利申请量前10位科研院所	068
表3-4	化合物半导体产业专利申请量前10位高等院校	070
表3-5	化合物半导体领军企业前15位核心技术人才	071
表3-6	化合物半导体产业创新创业前15位人才	072
表3-7	化合物半导体产业前15位科研骨干人才	074
表3-8	主要国家/地区化合物半导体产业专利布局变化趋势	077
表3-9	松下化合物半导体产业专利技术布局	078
表3-10	三星化合物半导体产业专利技术布局	079
表3-11	化合物半导体产业各三级分支新进入者和近五年专利申请情况	086

表 3-12	化合物半导体产业各三级分支专利运用情况	087

表 4-1	主要国家/地区各三级分支申请量占比	103
表 4-2	主要国家/地区各三级分支申请人数量占比	104
表 4-3	各对标城市三级分支申请量占比	105
表 4-4	各对标城市三级分支申请人数量占比	105
表 4-5	泉州及对标城市各申请量区间企业数量分布	108
表 4-6	重点头部企业产业链优劣势环节对比（以泉州三安光电为基准）	111
表 4-7	泉州及对标城市重点产业人才分布	114
表 4-8	泉州及对标城市重点科研人才分布	117
表 4-9	泉州市专利转让情况	120
表 4-10	泉州市化合物半导体产业专利质押情况	121

表 5-1	三安光电下属企业专利申请分布	144
表 5-2	泉州市化合物半导体产业推荐优先培育创新企业	144
表 5-3	本地主要高校产业相关重点专利列表（部分）	146
表 5-4	泉州拥有较强技术创新实力的人才	148
表 5-5	泉州具备创新支撑能力的人才	149
表 5-6	泉州富有产出发掘潜质的人才	150
表 5-7	企业专利奖获奖人擅长的化合物半导体领域	154
表 5-8	高校院所专利奖获奖人擅长的化合物半导体领域	156
表 5-9	具有全产业链视野的高校院所研发团队	159
表 5-10	化合物半导体产业国内龙头企业	161
表 5-11	具有产业链带动整合能力的台商集团	164
表 5-12	福建省内产业链互补的企业名单	165
表 5-13	畅通"内循环"推荐关注的本地企业	169
表 5-14	国内化合物半导体产业相关会议/论坛（部分）	171

第1章
绪　论

1.1　化合物半导体产业概况

化合物半导体是以砷化镓（GaAs）、磷化铟（InP）、氮化镓（GaN）、碳化硅（SiC）等化合物制造的半导体材料，[1] 为第二代和第三代半导体材料。不同于以硅、锗为代表的第一代半导体材料，化合物半导体材料具有高频高速性能，有较大的带宽宽度、较高的击穿电压且具备较高的热导率和电子饱和速率，因此更适用于制造高频、高温、大功率的射频组件，目前被广泛应用于光电子、电力电子、通信射频等领域。

在光电子器件应用上，主要包括发光二极管、光子集成电路、激光器、探测器等。目前可发光的半导体材料均为化合物半导体；砷化镓和磷化铟的激光器和探测器广泛用于光纤网络、数据中心等光纤通信领域；砷化镓也用于红外激光器、手机人脸识别技术、汽车自动驾驶用激光雷达的核心芯片。在电力电子器件应用上，由于氮化镓材料具有高频率、高功率、高效率的特点，氮化镓电力电子器件适用于电源适配器、无线充电器等电源产品的核心芯片。尤其是以砷化镓或氮化镓为原材料的化合物半导体，由于其在高功率和高频率部分出色的性能，已经广泛应用在消费电子、汽车电子、数据中心和5G基站等领域。

---

[1] 电子网. 半导体材料起源和发展史［EB/OL］.（2019-3-19）［2023-4-4］. https://www.51dzw.com/business/business236539.html.

自20世纪60年代以来，半导体材料根据不同时期的电子元器件的要求所需要的半导体的性能也是不同的。半导体材料目前已发展到第三代，第一代半导体材料兴起于20世纪50年代，主要是指硅（Si）、锗（Ge）半导体材料，带动了以集成电路为核心的微电子产业的快速发展，被广泛应用于消费电子、通信、光伏、军事以及航空航天等多个领域。在20世纪90年代之前，硅材料占据了绝对主导地位，目前大多数半导体器件及集成电路产品还是使用硅晶圆来制造，硅器件占到了全球销售的半导体产品的95%以上。

20世纪90年代以来，航空航天产业的发展对半导体材料的耐高温及高功率性能提出了更高要求，硅材料的性能出现了瓶颈，而以砷化镓（GaAs）为代表的第二代半导体材料开始崭露头角，相关器件制备技术逐渐成熟，促进半导体材料迈入光电子领域。GaAs良好的光学性能使得其在光学器件中广泛应用，也应用在需要高速器件的特殊场合，是4G时代的大部分通信设备的材料，如毫米波器件、发光器件、卫星通信、移动通信、光通信、GPS导航等。但是GaAs禁带宽度不够大、击穿电场较低等特性限制了其在高温高频和高功率器件领域的应用。半导体材料的对比如表1-1所示。

表1-1 半导体材料的对比

	第一代半导体材料	第二代半导体材料	第三代半导体材料
代表	硅（Si）和锗（Ge）	砷化镓（GaAs）、磷化镓（GaP）	氮化镓（GaN）、碳化硅（SiC）、氧化锌（ZnO）、金刚石（C）
性能介绍	取代了笨重的电子管，引发了集成电路（IC）为核心的微电子领域的迅速发展	砷化镓的电子迁移率是硅的六倍，直接带隙，器件相对硅器件具有高频、高速的性能，非常适合作为通信用半导体材料	带隙宽度达到2.0~6.0eV，禁带宽度大、击穿电场强度高、饱和电子迁移率高、热导率大、介电常数小、抗辐射能力强、耐高压、耐高温、大功率、导电性能强、工作速度快、工作损耗低
应用	主要应用于集成电路的晶圆片和功率器件，如电脑的CPU、GPU、内存、手机的SoC等器件	4G时代的大部分通信设备的材料，如毫米波器件、发光器件、卫星通信、移动通信、光通信、GPS导航等	5G时代的主要材料，高温、高频、抗辐射、大功率器件；蓝、绿、紫光二极管，半导体激光器

续表

	第一代半导体材料	第二代半导体材料	第三代半导体材料
缺点	硅元素的特性决定了只能做低频低压低功率的中功率晶体管、光电探测器	禁带宽度不够大、击穿电场强度较低，限制了其在高温高频和高功率器件领域的应用；且砷有毒，污染环境	—

21世纪以来，第三代半导体材料开始初露头角。如表1-2所示，以SiC、GaN为代表的第三代半导体材料在禁带宽度、击穿电场强度、饱和电子迁移率、热导率以及抗辐射等关键参数方面具有显著优势，进一步满足了现代工业对高功率、高电压、高频率的需求，作为5G时代的主要材料，用于高温、高频、抗辐射、大功率器件；蓝、绿、紫光二极管，半导体激光器等。相比于第一代和第二代半导体材料，第三代半导体材料在高温、高耐压以及承受大电流等多个方面具备明显的优势，因而更适合于制作高温、高频、抗辐射及大功率器件。半导体材料的物理性能对比如表1-2所示。

表1-2 半导体材料的物理性能对比

物理性能	第一代	第二代		第三代	
	Si	GaAs	InP	SiC	GaN
禁带宽度（eV）	1.12	1.4	1.3	3.2	3.39
相对介电常数	11.7	13.1	12.5	9.7	9.8
绝缘击穿场强（MV/cm）	0.3	0.4	0.5	2.2	3.3
电子漂移饱和速度（10^7cm/s）	1	2	1	2	2.5
热导率[W/(cm·K)]	1.5	0.5	0.7	4.5	2~3
电子迁移率[cm^2/(V·s)]	1250	8500	5400	900	1000
功率密度（W/mm）	0.2	0.5	1.8	~10	>30

第二代半导体应用范围较窄，InP主要用于光纤激光器，而GaAs主要用于射频芯片，与之相比，第三代半导体的应用范围则要广得多。半导体产业链环节包括衬底、外延、设计、制造、封测、应用等。与Si材料不同，SiC和GaN器件不能直接制作在单晶衬底上，必须在衬底上生长高质量外延材料，在外延层上制造各类器件。

SiC功率器件用外延片主要生长在SiC单晶衬底上。GaN器件根据其应用领域不同，衬底材料主要包括蓝宝石、GaN、Si、SiC。其中蓝宝石衬底目前最大尺寸为6 in（152 mm），生长的GaN外延片质量好，价格便宜，主要用于光电子器件中的LED芯片，由于其与GaN晶格失配度较大，导电性、导热性差，无法用于射频器件；GaN单晶衬底目前量产最大尺寸为2 in（50 mm），外延片质量极好，但价格昂贵，目前主要用于光电子器件中的激光器；Si单晶衬底是GaN功率器件最主要的衬底材料，外延片质量良好，最大应用尺寸为8 in（203 mm），价格便宜，是消费电子电源芯片最主要的选择；SiC衬底目前国内量产尺寸为4~6 in（101~152 mm），SiC衬底与GaN的失配度小，生长的GaN外延片质量很好，同时SiC衬底热导率高，散热性能好，但价格贵，主要应用于5G基站射频前段芯片、军用雷达等领域。单晶衬底和外延片的材料制造能力、晶圆尺寸和性能参数决定了第三代半导体产业的发展水平及进程。❶ 第三代半导体衬底材料应用如图1-1所示。

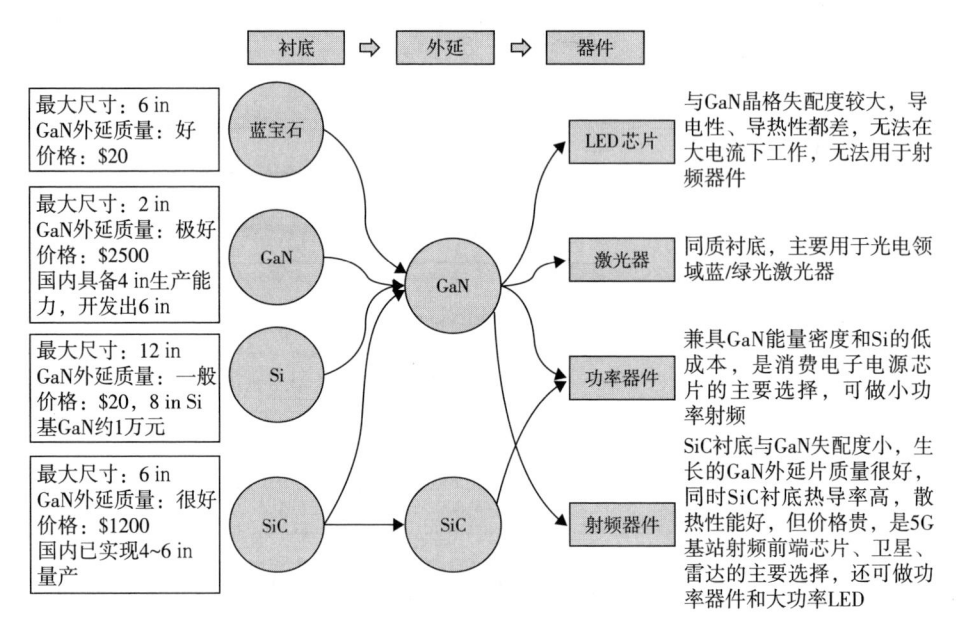

图1-1 第三代半导体衬底材料应用

---

❶ 未来智库. 第三代半导体深度报告：下游应用、能源安全、后摩尔时代驱动发展［EB/OL］. (2021-10-27)［2023-4-4］. https://baijiahao.baidu.com/s?id=17147360182853002328wfr=spider&for=pc.

1.2 研究对象及方法

1.2.1 技术范畴与分解

专利信息分析需要在明确的技术分类和清晰的技术边界之下进行。只有明确了技术分类，才能有针对性地进行研究和分析；只有确定了清晰的技术边界，才能将相关的专利技术从海量的专利技术文献中检索出来，并作为分析的数据基础。

化合物半导体是以 GaAs、InP、GaN、SiC 等化合物制造的半导体材料，具备高频、高效、耐高压、耐高温、抗辐射能力强等优越性能，契合信息安全、智能制造、节能减排等国家重大战略需求，是支撑新一代移动通信、新能源汽车、高速列车、能源互联网等产业自主创新发展和转型升级的重点核心材料和电子元器件，已经被广泛应用于光电子、电力电子、射频等领域，是目前全球半导体技术研究前沿和新的产业竞争焦点。

在政策层面，受新冠疫情和经济逆全球化趋势的影响，半导体全球供应链的稳定受到了极大的冲击，国内针对化合物半导体"卡脖子"领域陆续出台了一系列政策支撑产业技术发展。2019 年，国家发展改革委发布的《产业结构调整指导目录（2019 年本）》中明确将"集成电路设计""新型电子元器件（片式元器件、频率元器件、混合集成电路、电力电子器件、光电子器件、敏感元器件及传感器、新型机电元件、高密度印刷电路板和柔性电路板等）制造"列为鼓励类发展项目。2021 年 3 月，国家"十四五"规划纲要发布，提出"加强原创性引领性科技攻关。集成电路设计工具、重点装备和高纯靶材等关键材料研发，集成电路先进工艺和绝缘栅双极型晶体管（IGBT）、微电机系统（MEMS）等特色工艺突破，先进存储技术升级，碳化硅、氮化镓等宽禁带半导体发展"。

在产业范畴层面，化合物半导体产业链上游主要集中在晶圆制备环节，衬底和外延生长是该技术环节的两个关键步骤。中游包括设计、制造、封测三大环节。芯片设计是产业链中重要的一环，影响后续芯片产品的功能、性能和成本，对研发实力要求较高。在市场需求、国家政策、资本投入的驱动下，全球晶圆代工产业逐渐向中国大陆转移，中国大陆成为全球晶圆代工产业增速最快的地区。半导体封测业务对劳动力需求较大，技术要求较低，中国在产业转移中主要承接封测业务。下游主要为半导体应用，例如PC、医疗、电子、通信、物联网、信息安全、汽车、新能源、工业等。

在泉州本地层面，为响应全国和福建省发展集成电路产业的战略布局，泉州市委、市政府及时作出决策部署，提出"举全市之力、借全国之势、聚全球之智"大力发展半导体产业，加快建设泉州半导体高新技术产业园区，助推全市产业转型升级、经济跨越发展。半导体产业主要产品涉及衬底、外延生长、光电子器件（LED芯片或激光器等）、电力电子器件（逆变器、变压器、放大器等）、射频器件（射频芯片等）、太阳能电池（太阳能板、配套电路设备等）、半导体照明（LED灯等终端产品）、通信（光模块、射频电路等）、液晶显示（液晶面板等）等技术领域，基本覆盖了化合物半导体的全产业链。

综上，项目组对泉州本地产业政策、产业结构和国际环境进行研究梳理，并对泉州本地创新主体进行调研走访后，结合化合物半导体技术的发展趋势和泉州市产业发展实际，围绕产业链上、中、下游，将化合物半导体产业的关键技术分为制备工艺、器件模组、器件应用三大二级技术分支。通过对产业和技术进行进一步调研，确定各三级分支的技术分解，得到如表1-3所示的技术分解表。

表1-3 化合物半导体产业技术分解表

一级分支	二级分支	三级分支	四级分支
化合物半导体	制备工艺	衬底	—
		外延生长	—
	器件模组	光电子器件	LED
			激光器
		电力电子器件	SiC 二极管
			SiC 晶体管
			GaN HEMT

续表

一级分支	二级分支	三级分支	四级分支
化合物半导体	器件模组	射频器件	GaN 射频器件
			MMIC
	器件应用	太阳能电池	—
		半导体照明	—
		通信	—
		液晶显示	—

1.2.2 研究方法

专利导航是运用专利数据分析，将专利研究与产业研究相融合，为区域、产业转型升级、企业创新发展提供关于方向、定位及其之间路径信息的决策规划辅助方法。专利导航是在我国深化创新驱动发展中，基于产业发展和技术创新的需求，在充分运用专利信息资源方面总结出的一系列新理念、新机制、新方法和新模式。推动构建专利数据与各类数据资源相融合的专利导航决策机制，有助于提升知识产权治理能力，加快技术、人才、数据等要素市场化配置，更好地服务于各级政府创新决策和市场主体创新活动，加快构建现代产业体系，支撑高质量发展。

本项目遵循 GB/T 39551.3—2020《专利导航指南 第 3 部分：产业规划》标准组织实施，即围绕三个阶段进行，首先是数据采集阶段，注重选择包括国内外专利数据、产业多维度统计数据、产业主体相关数据和产业政策环境相关数据等。其次是数据处理阶段，以专利数据为中心，建立包括采集阶段获取的各类产业数据在内的多维度数据关联。最后是导航分析阶段，综合专利数据和产业数据，构建产业发展方向分析、区域产业发展定位分析和产业发展路径导航分析的逻辑模型，摸清化合物半导体的发展方向和泉州市的发展现状与定位，为泉州市化合物半导体产业的发展提供对策建议。产业导航研究方法如图 1-2 所示。

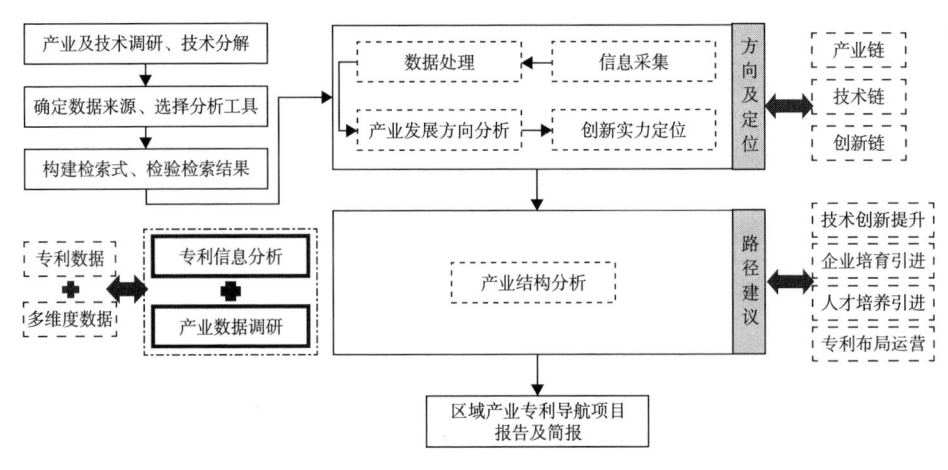

图 1-2　产业导航研究方法

在导航分析阶段，具体包括以下三个分析模块。

1. 全球化合物半导体产业专利态势及发展方向分析模块

该模块以全景模式揭示化合物半导体产业发展的整体态势与基本方向，从历史演进的视角和全球化的视野，以专利数据信息为基础，了解行业基本情况，掌握化合物半导体产业政策、市场规模、发展状况、国内外现状以及优质企业和技术等，并从市场、产品、技术、行业格局等角度出发，通过对全球产业发展与专利布局的互动关系分析和对产业的梳理和研究，明晰化合物半导体产业的产业环境和发展动向。

2. 泉州市化合物半导体产业专利态势及发展定位分析模块

该模块以近景模式聚焦泉州市化合物半导体产业在全球及国内产业链的基本位置。在了解泉州产业发展现状的基础上，将泉州市相关产业作为一个整体，以专利数据信息为基础，以对比分析为主要方法，将泉州市化合物半导体产业的技术、人才、企业等要素资源在产业链中定位，从而明确泉州市化合物半导体产业在产业价值链中的分工和定位，分析泉州市在全球、中国产业链中的竞争地位。通过前述分析，进一步明确泉州市化合物半导体整体产业和龙头企业的优势与劣势，揭示泉州市化合物半导体产业面临的专利竞争态势和迫切需要克服的瓶颈或需要解决的问题。

3. 泉州市化合物半导体产业发展对策建议模块

该模块以远景模式绘制产业聚集区当前定位与产业发展规划目标之间未来实施的具体路径，为泉州市化合物半导体产业发展提供具体路径指引。在对前面两个模块信息高度集成的基础上，针对泉州市化合物半导体产业发展的特点和需求，从优化产业创新布局、提升技术创新能力、夯实本地主体培育、对接外部优质资源、提升协同创新水平、围绕应用多重发力等方面提出针对性的导航路径及对策建议，从而为泉州市化合物半导体产业提供合适的目标选择和针对性的路径向导。

1.2.3　检索策略及数据来源

本书采用的专利数据库，包含中国专利文摘数据库和DWPI（德温特世界专利索引数据库）。其中，中国专利文摘数据库涵盖自1985年至今的中国的全部发明、实用新型和外观设计数据，具体包括中国专利中英文文摘数据、中国专利全文代码化数据（权利要求信息）、中国专利引文数据、DWPI收录的中国文献、世界专利文摘库收录的中国文献、中国专利的引证文献数据等信息，具有内容覆盖全面、中文内容与英文翻译并存、附加信息丰富等特点。

DWPI，包括八国两组织（中国、日本、美国、英国、法国、德国、瑞士、韩国、欧洲专利局、世界知识产权组织）在内的47个国家和组织从1948年至今的专利数据，并按照一定的规则整理出具有德温特数据库特色的同族数据，具有准确、有序等特点。

在检索过程中为了保证各个分支数据的准确性，采用了分总式的检索策略：首先，针对分解表中的末级分支进行检索，然后将检索结果逐层汇总，得到各上级分支的文献量；其次，将检索到的文献通过筛选的方式去除噪声，同时进行各级数据的标引，保证数据的查全和查准。具体的检索方法采用结构化检索，即将各检索要素形成不同的模块，通过各模块间的"与"或"或"运算得到检索结果。检索要素包括IPC分类号、CPC分类号、关键词、申请人等。

经过检索和整理，得到全球申请文献数量，详见表1-4。其中，检索截止日期为2022年6月16日。鉴于专利文献存在延迟公开的属性，部分申请日在检索终止日之前18个月内的发明专利申请因未公开而未被检索到。

表1-4 基本检索结果

一级分支	二级分支	三级分支	四级分支	检索结果数量/项
化合物半导体	制备工艺	衬底	—	13174
		外延生长	—	38989
	器件模组	光电子器件	LED	34536
			激光器	24689
		电力电子器件	SiC 二极管	5426
			SiC 晶体管	17029
			GaN HEMT	9474
		射频器件	GaN 射频器件	2136
			MMIC	6816
	器件应用	太阳能电池	—	11131
		半导体照明	—	11726
		通信	—	29298
		液晶显示	—	18800

1.3 相关事项说明

1.3.1 近期数据不完整说明

导致2020—2022年提出的专利申请统计不完全的原因如下：①PCT专利申请可能自申请日起30个月甚至更长时间才能进入国家阶段，导致与之相对应的国家公布时间晚；②发明专利申请的延迟公布，即自申请日（有优先权的自优先权日）起18个月（要求提前公布的申请除外）被公布；③实用新型专利在授权后才能被公布。

因此，在本书的数据分析中，2020—2022年可能出现专利申请量明显下降的现象，这与该时间段内的专利数据无法完整检索有很大的关系，不能反映真实的申请量变化情况。以上情况在此统一说明，后文分析中不再赘述。

1.3.2 同族专利

同一主题发明创造在多个国家申请专利而产生的一组文献，称为一个专利族。从技术的角度看，属于一个专利族的多个专利申请可视为同一项技术。本书在开展技术分析时，将同族专利视为一项技术，在进行专利区域（国家或地区）布局分析时，各件专利按件单独统计。

1.3.3 关于专利申请量统计中的"项"和"件"的说明

同一项发明可能在多个国家或地区提出专利申请，本书检索用到的专利数据库将这些相关的多件申请作为一条记录收录。在进行专利申请量统计时，对于数据库中以一族数据的形式出现的一系列专利文献，计为"1项"。

在进行专利申请统计时，例如为了分析申请人在不同国家、地区或组织所提出的专利申请的分布情况，将同族专利申请分开进行统计，所得到的结果对应于申请的件数。一项专利申请可能对应于1件或多件专利申请。

1.3.4 关于部分分析指标的说明

申请人：通过对专利申请人的统计分析，获得主要创新主体。

申请量：对不同领域、不同年代，不同国家和地区，不同企业、高校、研究院所的专利申请量进行统计分析，根据申请量随年代变化趋势，获得技术发展趋势。

专利引证：那些具有较高价值度的专利技术通常会被更多地作为在后专利技术的引用参考，因此专利被引用次数能够在一定程度上反映专利质量和影响力。

专利转让/许可：专利转让/许可情况则能够在一定程度上反映专利技术运营转化的活跃度，也在一定程度上能够反映专利技术的产业价值、技术价值和经济价值。

技术来源国：指一项技术的原始产出国/地区，由于一项专利技术通常会首先在本国提出专利申请，因此，本书中将该专利申请所要求的最早优先权国家/地区认定为其技术原创国/地区。

技术目标国：指某项专利技术的布局国家，技术目标国的数据通过统计公开文献国别获得。

重点专利：重点专利的确定应当综合考虑其技术价值、经济价值以及受重视程度等多方面的因素，对于专利大数据分析，难以对各项专利进行逐一的价值评判，本书中选择了可在一定程度上反映这些因素的指标对专利数据进行识别和筛选，包括专利被引频次、主要申请人、专利转让许可情况、同族专利数量等。

第2章
化合物半导体产业发展现状

本章通过抓取化合物半导体产业整体发展现状的相关资料开展情报调研，主要从全球化合物半导体产业发展现状、中国化合物半导体产业发展现状、泉州市化合物半导体产业发展现状三个方面进行阐述。

2.1 全球化合物半导体产业发展现状

2.1.1 全球产业经济环境

麦肯锡咨询发布分析称，半导体市场到2030年预期将达到每年7%左右的年复合增长率，总体市场规模将超过万亿美元。具体到细分市场，麦肯锡认为汽车电子、计算和数据存储、无线通信这三大领域将支撑未来70%的增长。其中最具增长潜力的市场是汽车电子，年复合增长率为13%，具体如图2-1所示。预计到2030年，电动汽车单车半导体价值量约为4000美元，而传统燃油车则为500美元，电动化潮流将使车用半导体占总体市场的13%~15%。[1]

---

[1] 集微网. 麦肯锡：2030年半导体将成万亿美元产业［EB/OL］.（2022-4-11）［2023-4-4］. https://baijiahao.baidu.com/s?id=1729789422055387046&wfr=spider&tfor=pc.

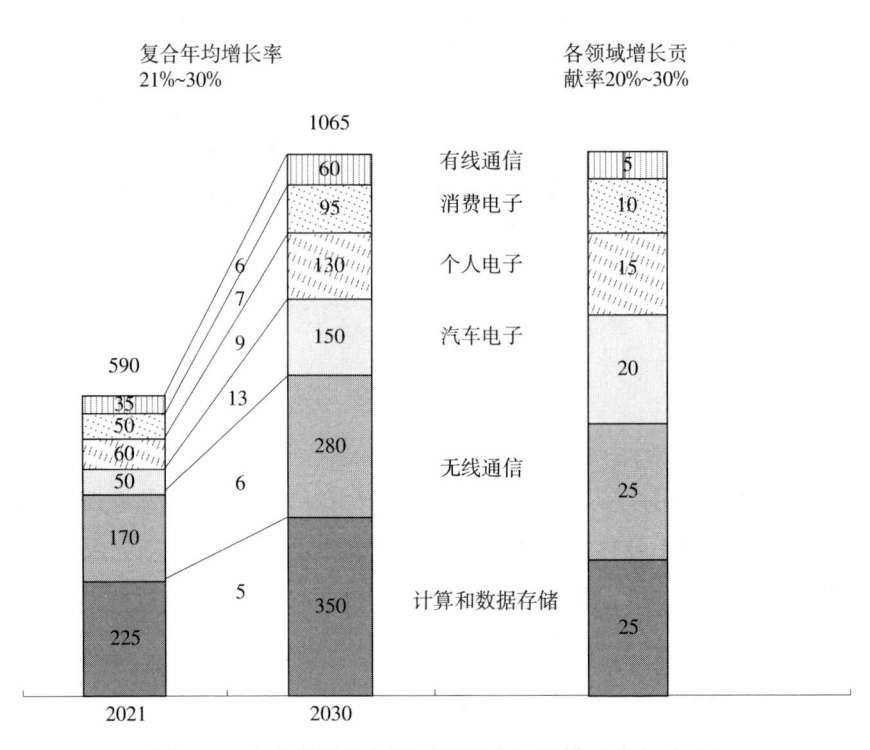

图 2-1 全球半导体各领域预测市场规模（十亿美元）

2021年12月全球半导体销售额为508.5亿美元，同比增长29.8%。欧洲市场增幅达27.9%，美洲市场增幅达45.2%，中国市场增幅为28.6%。美国半导体产业协会（SIA）发布了2022年国际半导体业报告，[1] 2021年全球半导体销售额为5559亿美元，同比增长26.2%，中国市场销售额为1925亿美元，仍是全球最大的半导体市场。2021年，全球共售出1.15万亿片芯片，其中增长最快的是车规级芯片，该领域芯片的销售额同比增长34%，达到264亿元。全球及美国、欧洲、中国半导体销售额如图2-2所示。

---

[1] 新智元. 2022全球半导体行业报告：1925亿美元，中国是世界最大芯片市场 [EB/OL]. （2022-2-18）［2023-4-4］. https://baijiahao.baidu.com/s?id=17250292869439192808wfr=spider&ifor=pc.

(a) 全球半导体销售额　　　　(b) 美国、欧洲、中国半导体销售额

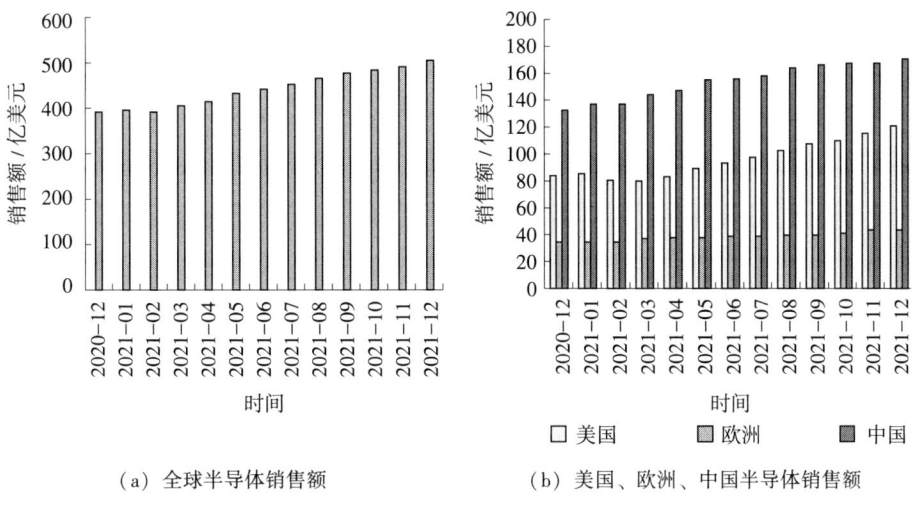

图 2-2　全球及美国、欧洲、中国半导体销售额

资料来源：美国半导体产业协会。

目前第三代半导体主要商业模式可分为两类：IDM（Integrated Device Manufacture，垂直整合制造）模式和垂直分工模式。❶

1. IDM 模式

从设计到制造、封测以及销售自有品牌 IC 都一手包办的半导体公司，被称为 IDM 公司。国外 IDM 代表企业有：英特尔（Intel）、SK 海力士、美光（Micron）、恩智浦（NXP）、英飞凌、索尼、德州仪器（TI）、三星（Samsung）、东芝（Toshiba）、意法半导体（ST）等。国内 IDM 厂商主要有：华润微电子、士兰微、扬杰科技、苏州固锝、上海贝岭等。

2. 垂直分工模式

有的半导体公司仅做 IC 设计，没有芯片加工厂（Fab），通常被称为 Fabless，例如华为、ARM、NVIDIA 和高通等。另外还有的公司只做代工，不做设计，称为代工厂（Foundry），代表企业有台积电、格罗方德、中芯国际等。

---

❶ 科技企业大杂烩. 万字报告详解第三代半导体技术发展、行业现状、竞争格局及未来趋势 [EB/OL]．（2022-5-22）[2023-4-4]．https://www.sohu.com/a/549642389121124364．

根据上述两种商业模式，现有的半导体企业可以分为IDM、Foundry、Fabless以及Fab-lite（介于IDM和Fabless之间）这四种形式。

如图2-3所示，经历几十年的发展，半导体产业价值链从最早的IDM模式逐渐往注重设计和知识产权方向发展，制造和销售在产业链上的价值逐渐降低，以ARM为代表的商业模式代表着当下最主流的商业模式。

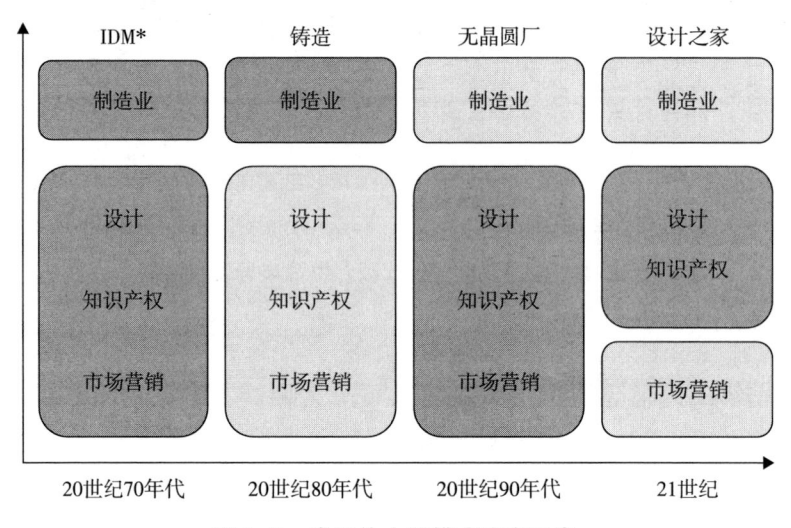

图2-3　半导体主流模式演变示意

随着技术的发展，第三代半导体正加速替代第二代半导体的地位，诸多新应用的技术与第三代半导体材料深度融合。第三代半导体是清洁能源和新一代电子信息技术革命的基石，无论是照明、家用电器、消费电子设备、新能源汽车、智能电网，还是军工用品，都对这种高性能半导体材料有着极大的需求。除此之外，第三代半导体广泛应用于高频、高功率应用场景，如风力发电、电网、新能源汽车、工业互联网、5G基站和手机基带等。目前第三代半导体在光电器件、电力电子、射频微波器件、激光器和探测器件等多个领域展现出巨大潜力，成为世界各国半导体研究领域热点。

2.1.2　全球产业政策环境

多年以来，世界各国始终对化合物半导体保持高度重视，出台相关政策支持本国产业发展，尤其是在支撑新一代移动通信、新能源汽车、高速列车、能源互联网等产业自主创新发展和转型升级的重点核心材料和电子元器件领域，化合物半导体已成为全球半导体技术研究前沿和新的产业竞争焦点。美国、欧盟、英国、德国、澳大利亚、日本等国家/组织均积极部署化合物半导体领域的研发和标准。如美国开展先进制造技术（AMTech）项目、《美国电力电子技术与制造路线图》、"萨德之眼"等项目的研究，提出 CIRCUITS 计划，为化合物半导体产业发展谋篇布局。日本也在近年来召开的经济增长战略会议中多次强调，将应对支撑数字社会的半导体需求提升为国家课题加以重视。

受到新冠疫情带来的线上需求激增、技术升级迭代芯片用量翻倍、停工停产导致的产能供应不足，以及贸易摩擦不断发生等因素❶的共同影响，2021 年全球都在应对"缺芯"问题。"缺芯"影响到民生经济的方方面面，甚至会对国家安全战略层面产生不利影响，因此美欧日等国家和地区均对半导体产业给予了高度重视。2022 年年初，美欧日等国家和地区密集出台法案，加大对芯片产业的扶持力度。2 月 6 日，美国众议院通过《2022 年美国竞争法案》，其中包括投向半导体行业约 520 亿美元的拨款和补贴。2 月 8 日，欧盟委员会公布《芯片法案》，将投入超过 430 亿欧元公共和私有资金，用于支持芯片生产、试点项目和初创企业。另有消息称，日本将为美国公司的芯片生产提供 3.2 亿美元补贴以支持其在广岛工厂生产先进内存芯片的计划。

2.1.3 产业链发展现状

2.1.3.1 产业链构成

化合物半导体产业链上游主要集中在晶圆制备环节，该环节又包括衬底和外延两个关键步骤。上游环节境外企业包括住友电工、日立、古河电工、三菱、日本信越、富士电机、Skyworks、Qorvo、Avago、Nitronex 和 Azzuro 等；境内企业包括三安光电、赛微电子、海陆重工、晶湛半导体、英诺赛科、苏州维那、东莞中镓、上海镓特、中科晶电、中科镓英和芯元基等。

---

❶ 半导体芯科技 SiSC. 各国密集出台半导体扶持政策：必然？巧合？竞争？[EB/OL].（2022-2-14）[2023-4-4]. https://www.sohu.com/a/522772959121266081.

中游包括设计、制造、封测三大环节。芯片设计是产业链中重要的一环，影响后续芯片产品的功能、性能和成本，对研发实力要求较高。在市场需求、国家政策、资本投入的驱动下，全球晶圆代工产业逐渐向中国大陆转移，中国大陆成为全球晶圆产业增速最快的地区。半导体封测业务对劳动力需求较大，技术要求较低，中国在产业转移中主要承接封测业务。中游环节境外企业包括东芝、三星、EPC、Powerex、Dialog、Transform、Navitas等；境内企业包括三安光电、闻泰科技、赛微电子、聚灿光电、乾照光电等。

下游主要为半导体应用，例如PC、医疗、电子、通信、物联网、信息安全、汽车、新能源、工业等。半导体可以分为四类产品，分别是集成电路、光电子器件、分立器件和传感器。其中规模最大的是集成电路，约占半导体市场的80%以上。分立器件、传感器、光电器件也都在半导体行业中起着至关重要的作用，分立器件主要包括二极管、晶闸管、MOSFET、IGBT等。下游环节主要涉及境内外在5G通信、轨道交通、新能源汽车、智能手机、航空航天和光伏发电等领域直接面向终端客户的各类企业。全球SiC、GaN半导体产业链图谱如图2-4、图2-5所示。

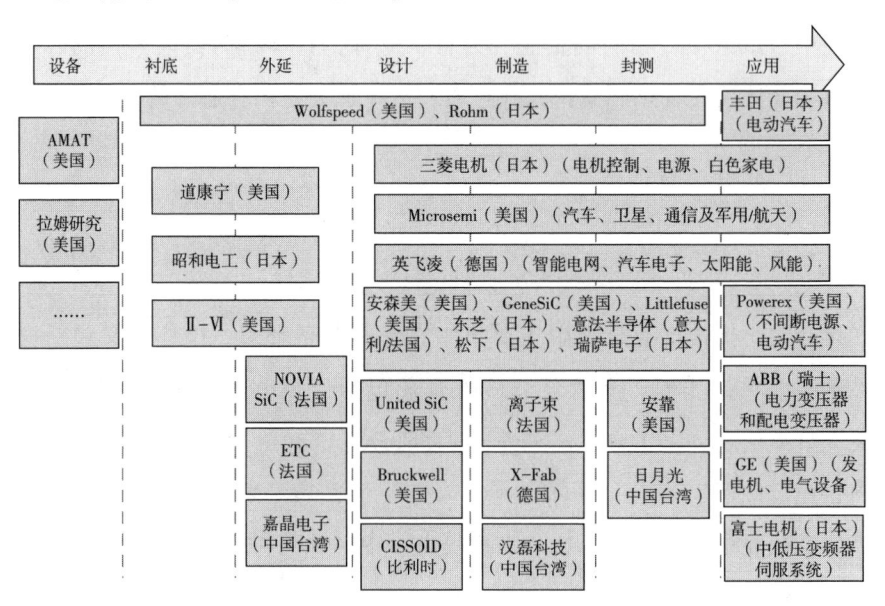

图2-4　全球（除中国大陆外）SiC半导体产业链图谱

资料来源：方正证券。

第 2 章 化合物半导体产业发展现状

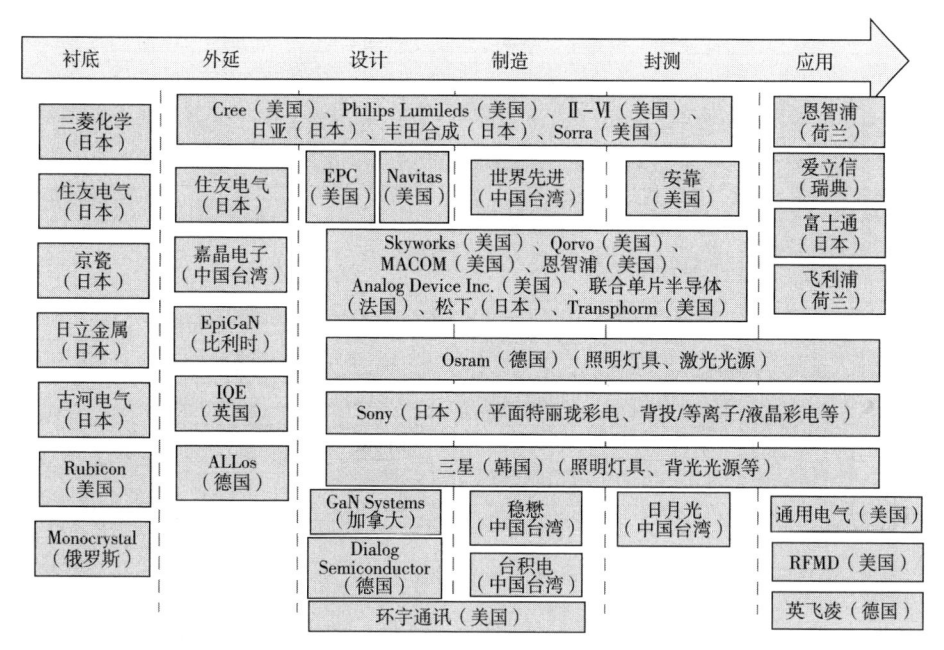

图 2-5 全球（除中国大陆外）GaN 半导体产业链图谱

资料来源：方正证券。

国内化合物半导体产业链各个环节国内企业均有涉足，从事衬底片生产的国内厂商主要有露笑科技、三安光电、天科合达、山东天岳、维微科技、科恒晶体、镓铝光电等；从事外延片生产的厂商主要有瀚天天成、东莞天域、晶湛半导体、聚能晶源、英诺赛科等。苏州能讯、四川益丰电子、中科院苏州纳米所等涉及制造、封测多个环节；从事射频、电力电子、光电子器件生产的厂商较多，还包括比亚迪半导体、闻泰科技、华润微、士兰微、斯达半导、扬杰科技、泰科天润等。中国大陆半导体产业链图谱如图 2-6 所示。

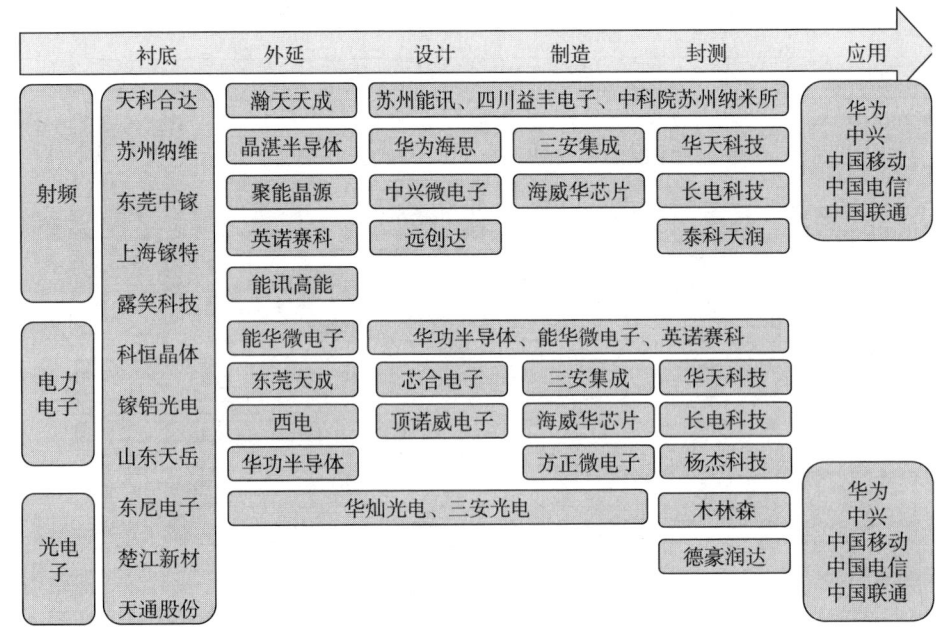

图2-6　中国大陆半导体产业链图谱

资料来源：前瞻产业研究院。

2.1.3.2　主要参与者

1. 衬底、外延制备领域

（1）信越化学

信越化学工业株式会社成立于1926年，经过半个多世纪的发展，其自行研制的单晶硅片、有机硅、纤维素衍生物等原材料已成功建立了全球范围的生产和销售网络，其半导体硅、聚氯乙烯等原材料的供应在全球首屈一指。信越集团作为IC电路板硅片的世界主导企业，始终奔驰在大口径化及高平直度的最尖端，最早研制成功了最尖端的300mm硅片及实现了SOI硅片的产品化，并稳定供应着优质的产品。同时，该企业一贯化生产发光二极管中的GaP（磷化镓）、GaAs（砷化镓）、AlGaInP（磷化铝镓铟）系化合物半导体单晶与切片。

（2）科锐

科锐（CREE）成立于1987年，是美国上市公司（1993年，纳斯达克：

CREE），是全球集 LED 外延、芯片、封装、LED 照明解决方案、化合物半导体材料、功率器件和射频于一体的著名制造商和行业领先者，也是碳化硅（SiC）技术和生产的全球领先企业，在 SiC 晶圆的市场占有率高达六成。基于 SiC 产品开发出颠覆性的技术解决方案，为电动汽车、快速充电、5G、电源、可再生能源和储能以及航空航天和国防等应用提供支持。

（3）中电科半导体材料公司

中电科半导体材料有限公司，于 2019 年 3 月在天津注册成立，由集团公司主导，由电科 2 所控股的山西烁科新材料有限公司、电科 13 所控股的河北普兴电子科技股份有限公司、电科 46 所控股的中电晶华（天津）半导体材料有限公司以及电科 55 所控股的南京国盛电子有限公司构成，同时托管电科 46 所。中电科半导体材料公司旗下的山西烁科晶体有限公司新工厂投产后将具备年产 10 万片 4~6 英寸 N 型碳化硅单晶晶片、5 万片 4~6 英寸高纯半绝缘型碳化硅单晶晶片的生产能力。

（4）中电科半导体材料公司

东莞市中镓半导体科技有限公司总部设于广东东莞，并在北京设有大型研发中心，为中国国内首家专业生产氮化镓（GaN）衬底材料的企业。中镓半导体以北京大学宽禁带半导体研究中心为技术依托，创造性地采用 MOCVD 技术、HVPE 技术相结合的方法，研发和生产产品包括：①GaN 半导体衬底材料（包括 GaN 衬底，GaN/Al_2O_3 复合衬底）；②生产设备，如 HVPE 设备等。

2．LED 领域

（1）三安光电

三安光电股份有限公司成立于 2000 年 11 月，于 2008 年 7 月在上海证券交易所挂牌上市，总部位于厦门，产业化基地分布在厦门、天津、芜湖、泉州等多个地区，是国家发改委批准的"国家高科技产业化示范工程"企业、工业和信息化部认定的"国家技术创新示范企业"，承担了国家"863""973"计划等多项重大课题，拥有国家人事部颁发的博士后科研工作站及国家认定的企业技术中心。

三安光电是国内LED芯片龙头企业，产品类型涵盖汽车照明、Mini LED、Micro LED、高光效、紫外、红外、植物照明等的应用，营销网络遍布全球，与三星、科锐、格力电器、美的集团、TCL等国内外下游大厂建立了合作伙伴关系。

在高端LED产品方面，三安光电已成为三星在Mini LED、Micro LED芯片领域的首要供应商；并与TCL华星成立了联合实验室共同推进Micro LED的市场化进程。

（2）晶元光电

1996年，晶元光电股份有限公司（EPISTAR）成立于中国台湾新竹科学工业园区，专业生产超高亮度发光二极管（LED）芯片及晶粒，并以自有的有机金属气相磊晶（MOVPE，有时也被称为有机金属化学气相沉积，MOCVD）技术，全力发展超高亮度发光二极管系列产品。晶元光电不断创新、突破与深入的洞察，成为LED芯片的创新设计生产者，并以日积月累的专业知识和全方位的能力稳坐世界LED供货商的龙头宝座，同时与声誉卓著的世界品牌，协力推广手机屏幕、笔电屏幕和电视屏幕等领域的LED应用技术，努力创造日常固态照明的优势。

晶元光电与隆达电子交换股权成立富采投资控股股份有限公司，于2021年1月6日正式成立，并于台湾证券交易所上市，致力成为跨区域的化合物半导体产业最佳投资平台。晶元光电目前拥有红黄光LED磊晶片及晶粒、蓝绿光LED磊晶片及晶粒、紫外线/红外线LED晶粒、Ⅲ-Ⅴ太阳能晶片四大产品线。

（3）科锐

科锐在LED领域的市场优势来源于碳化硅（SiC）材料，以及用此来外延芯片和制备相关的器件。这些芯片及器件可在很小的空间里用更大的功率，同时比别的现有技术、材料及产品产生热量更少。科锐的产品系列包括发光二极管芯片、照明发光二极管、背光发光二极管、功率开关器件、无线电频率设备和无线电设备的发光二极管。

（4）日亚化学

日亚化学成立于1956年，一直致力于开发、制造及销售以荧光体（无机荧光物质）为中心的精密化学品，以此为事业主体发展至今。在研制发光物质的过程中，于 1993 年研制出了震惊世界的蓝色 LED，其后推出了荧光体与 LED 组合而成的白色 LED，进而实现了紫蓝半导体激光与世界首创的发光二极管的商品化。日亚化学的产品用于显示屏、照明、车载、产业器材、医疗测量等诸多领域。

（5）首尔半导体

首尔半导体是一家专业 LED 制造商。业务领域涵盖从 IT 到照明，提供全线高品质 LED 产品。首尔半导体拥有 5 大自主创新技术，包括无封装 LED（WICOP）、研发并成功量产的交流和直流均可驱动的"Acrich"、获得专利的高压 LED "MJT 多结芯片技术"以及比传统 LED 亮 10 倍的"nPola"和 UV 杀菌技术"violeds"。目前，首尔半导体在美国、欧洲、日本及中国设立了 4 家分支机构，在全球设有 50 多个海外销售办事处以及 150 家代理商。根据 Omdia 的 LED 供求市场跟踪报告，首尔半导体 2020 年在 LED 封装市场上的份额为 8.98 亿美元，年增长率为 4.3%，首次取得封装市场排名第三的成绩。

（6）飞利浦/亮锐

飞利浦自成立伊始就把电子设备作为主营业务之一，早期生产电灯、电视等电子设备，在显示照明行业中长期处于领先地位。经过多年发展，现已形成涵盖视听、个人护理、母婴护理、厨房家居、照明、健康、汽车多个产业的经营模式，尤其在医疗设备和照明设备领域具有技术领先优势。LED 时代到来后，飞利浦在 LED 领域也有着较强的实力，整合原飞利浦 LED 芯片公司和飞利浦汽车照明事业部成立的亮锐（Lumileds）也成为 LED 行业的市场领导者，在全球通用照明市场占 10% 以上份额，在汽车照明市场占 30% 以上份额，在手机移动照明市场占 50% 以上份额。亮锐主要提供高功率 LED 器件，主攻汽车照明等高功率 LED 细分领域。但近年来随着 LED 整体利润率的下降，飞利浦也逐渐将照明业务出售，转向利润率更高的医疗、健康等业务。

（7）欧司朗

欧司朗成立于 1919 年，总部位于德国慕尼黑，最早为西门子、德国通用电气、哈尔斯克整合各自白炽灯业务成立的公司，此后成为西门子的全资子公司，直到 2013 年从西门子剥离并单独上市。欧司朗在 20 世纪末成为首批推出白光 LED 光源的公司之一，是五大 LED 厂商之一，也是远红光植物照明领域的领军企业。欧司朗能够提供 LED 芯片，其 LED 芯片采用 SiC 衬底的 GaN 技术，在高功率、高亮度 LED 领域应用。欧司朗 1995 年进入中国，在佛山建立欧司朗（中国）照明有限公司及生产工厂，并于上海、深圳等地设立了分支机构。

（8）佛山照明

佛山照明成立于 1958 年，一直专注于研发、生产、推广高品质的绿色节能照明产品，为客户提供全方位的照明解决方案和专业服务，是国内综合竞争实力较强的照明品牌之一。佛山照明拥有佛山、新乡、南宁等多个生产基地，以及从研发、生产、加工、仓储到物流的完整的供应链体系，具有规模化的生产实力。公司产品线覆盖家居、商业、户外、办公、教育等领域。国内市场细分批发流通、家居专卖店、工程商照、电商零售、工矿户外、车用照明等业务，公司 40% 左右的产品出口到世界 120 多个国家和地区。2012 年，公司致力于从传统照明向 LED 照明转型升级，大力发展 LED 照明产品，目前 LED 照明产品占比达 80% 以上。

3. 液晶显示领域

（1）三星

三星成立于 1969 年，于次年开始生产黑白电视，1974 年开始生产洗衣机和冰箱，20 世纪 90 年代开始开发手机、录像机和内存设备，步入电子设备产业，于 1997 年成功研发出 30 英寸液晶屏幕，并于 21 世纪成为移动通信和消费类电子产品的领军企业，具有移动通信从内存、芯片到屏幕的全产业链，尤其在显示技术方面具有领先优势，最早开发出可商用的 OLED 屏幕，现已成为 OLED 领域的领军企业。

（2）LG

LG 是世界知名的家电生产厂商，在显示、投影等领域有着很强的影响力。LG 旗下有五大核心上市公司，其中 LG 电子、LG Display（显示器）、LG Innotek（伊诺特）、LG 化学涉足电子产业链材料、元件、组装等各个环节。

LG伊诺特是LG集团下生产电子元器件的公司，生产LED模块、车灯、照明等产品，LG化学则参与研发了荧光粉等相关的各种材料。LG电子1999年发力LCD面板研发，经过了10多年的发展，三星和LG逐步成为显示面板中举足轻重的两家供应商，两家企业在液晶、OLED显示领域的出货量和知名度都位于全球前列。

（3）TCL

TCL集团股份有限公司是一家全球化的智能产品制造及互联网应用服务企业集团，成立于1981年，总部位于惠州市，于2004年在深圳证券交易所正式挂牌上市。TCL聚焦半导体显示及材料、半导体及半导体光伏领域。近年来聚焦智能终端产品及服务，旨在以全品类智慧科技产品服务全球用户，旗下产品包括电视、电话、洗衣机等。2012年，TCL液晶电视销量1578.10万台，跻身全球彩电三强，这也是中国彩电企业首次冲入全球液晶彩电第一阵营。

（4）天马

天马微电子成立于1983年，1995年在深圳证券交易所上市，是一家在全球范围内提供全方位客制化显示解决方案和快速服务支持的创新型科技企业。天马产业基地分布在深圳、上海、成都、武汉、厦门、日本六地，在欧洲、美国、日本、韩国、印度及中国香港等国家/地区设有全球营销网络和技术服务支持平台。天马目前已形成从无源、a-Si TFT-LCD、LTPS TFT-LCD到AMOLED的中小尺寸全领域主流显示技术的布局，业务涵盖手机显示、车载显示、IT显示及诸多横向细分市场，在高端医疗、智能家居、VoIP等多个细分市场份额均保持全球领先。

（5）京东方

京东方科技集团股份有限公司（BOE）创立于1993年4月，是一家为信息交互和人类健康提供智慧端口产品和专业服务的物联网公司，形成了以半导体显示事业为核心，传感器及解决方案、MLED、物联网创新、智慧医工事业融合发展的"1+4+N"事业群。京东方在北京、合肥、成都、重庆等地拥有多个制造基地，子公司遍布美国、德国、英国等19个国家和地区，服务体系覆盖欧、美、亚、非等全球主要地区。京东方半导体显示业务在五大应用终端平板电脑、手机、笔记本电脑、电视和显示器市场中的出货量均为全球第一,具有全球领先的技术实力。

4. 激光器领域

(1) 英特尔

英特尔公司(Intel Corporation)是一家设计和生产半导体的科技企业,于1968年在美国加州联合创立。英特尔于1971年推出全球第一个微处理器4004,而后英特尔8088处理器成就了世界上第一台个人计算设备。随着个人电脑的普及,英特尔公司成为世界上最大的设计和生产半导体的科技巨擘。英特尔长期以来都积极致力于硅光模块的研发,早在2016年,英特尔就推出了一款全新的硅光子产品"100G PSM4",这款产品结合了硅电子和光学技术,能够在独立的硅芯片上实现低成本的超高速数据传输。

(2) IPG

IPG Photonics成立于1991年,工厂于1994年在德国落成,并于2006年在纳斯达克上市。IPG是高性能光纤激光器和放大器的领先开发商和制造商,产品广泛应用于众多市场。各种低、中、高功率激光器和放大器广泛应用于材料加工、通信、娱乐、医疗、生物技术、科学和高级应用领域,许多新产品取代了传统技术。IPG产品面向全球各行各业的原始设备制造商、系统集成商和最终用户。IPG的业务遍及全球,在美国、德国、俄罗斯和意大利设有制造工厂,在中国、日本、韩国、加拿大和英国设有地区销售办事处。

(3) 通快(TRUMPF)

SPI Lasers(以下简称SPI)成立于2000年,总部位于英国南安普顿。SPI一直致力于光纤激光技术的研究和开发,其在特种光纤和光纤布拉格光栅等方面的核心技术以及专利在早期一直被用于制造长距离高速光通信光学器件上,2002年SPI开始加强对光纤激光器的设计和生产,并很快就推出了首台商用光纤激光器,而且于2005年在英国伦敦证券交易所成功上市,2008年被德国知名激光切割机制造商通快收购,而且品牌发展迅速。SPI是全球仅次于IPG的第二大光纤激光器供应商。2020年,通快宣布在全球范围内已经完成了对旗下全资子公司SPI的合并和更名,SPI将以通快的名义继续运营。

(4) 锐科激光

武汉锐科光纤激光技术股份有限公司(以下简称锐科激光)是一家专业从事光纤激光器及其关键器件与材料的研发、生产和销售的高新技术企业。公司主营业务包括为激光制造装备集成商提供各类光纤激光器产品和应用解决方案,并为客户提供技术研发服务和定制化产品。产品广泛应用于光纤和激光制造如打标、切割、焊接、熔覆、清洗、增材制造等领域。锐科激光作为国内光纤激光器龙头企业,目前高功率激光器技术已达到国际领先水平,在国内市场正逐步替代海外主要激光器厂商的产品,公司整体销售维持增长态势,并在积极布局高功率和超快激光器领域。

5. 电力电子器件领域

(1) 英飞凌

英飞凌是全球领先的半导体行业制造商,在汽车电子、功率半导体和安全集成电路等终端市场处于领先地位。公司业务包括汽车电子(Automotive)、工业电源控制(Industrial Power Control)、电力和传感器系统(Power & Sensor Systems)、互联安全系统(Connected Secure Systems)等。2020年,英飞凌公司工业电源控制业务占总营收的16.4%,其中约60%为IGBT模组。

(2) 三菱

三菱电机成立于1921年,最早作为三菱造船厂的分支机构,1930年神户工厂制成第一款DC变压器并投入商用,1933年推出了日本首款无熔丝15~35A断路器。此后三菱电机的业务扩展到空调、冰箱、磁体、电动机、电梯等诸多领域。三菱电机从20世纪90年代开始进行SiC器件的基础研究。目前,SiC器件结合三菱电机的封装技术已经到了相关的商用化阶段。在IGBT领域,目前三菱电机IGBT模块已经发展至第7代,第7代NX封装的IGBT模块采用了三菱电机最新一代的CSTBT™硅片和RFC二极管硅片技术,同时兼容业界主流器件封装,因此有助于实现光伏逆变器更高的效率和提高逆变器的竞争力。

(3) 富士电机

富士电机是古河电器工业与德国西门子以资本技术合作成立的公司。正因此渊源，它成为由古河集团演变而来的古河三水会10家中轴理事会社之一。以大型电气机器事业公司为核心的富士电机，其旗下日本国内的关联公司有53家［富士电机系统株式会社（FES）、富士电机机械控制株式会社（FCS）、富士电机电子技术株式会社（FDT）、富士电机零售设备系统株式会社（FRS）等］，海外关联公司40家。富士电机业务主要分为四大板块：电力设备、半导体、发电和食品饮料储运售卖设备。电力设备包括能源管理系统、电源、电磁继电器等；半导体包括IGBT元件、MOSFET、SiC模组等；发电设备包括地热和核电发电设备等。

(4) 时代电气

株洲中车时代电气股份有限公司（以下简称时代电气），背靠中车集团，2008年通过收购英国丹尼克斯介入IGBT领域，时代电气每年将超过10%的收入投入研发工作中，2021年前三季度研发投入共计10.78亿元。时代电气在英国拥有林肯和伯明翰两个研发中心，旗下的电气产品覆盖650~6500V，高压领域市占率全球前五，产品主要供给系统内的轨道应用，包括地铁、轻轨或高铁。此外，时代电气于2008年前后开始发力智能电网、汽车领域。汽车领域核心产品是IGBT模块，具备提供750~1200V产品能力，客户包括一些传统车企，包括一汽、广汽等，也有造车新势力理想、小鹏等。株洲中车时代电气股份有限公司与武汉东风、广汽成立合资公司，由公司提供芯片，合资公司负责模组封装。在高压输电领域，时代电气的相关产品占据了国网50%份额和南网60%份额，风电变流器模块进入国内大部分主流客户。

6. 射频器件领域

(1) Qorvo

Qorvo（Nasdaq：QRVO）是面向移动、基础设施和航空航天/国防应用提供核心技术与射频解决方案的领先供应商，由RFMD与TriQuint合并组建而成，Qorvo在全球拥有6000多名员工，致力于为实现全球互联的各种应用提供解决方案。Qorvo主要产品包括功率双工器和放大器（PA），覆盖主要蜂窝基础设施频段，Qorvo 顶级的声波（BAW）技术应用于功率双工器，使得 Qorvo 的双工器产品具有低插入损耗、高隔离、行业领先的功率处理能力等特点。

(2) 思佳讯（Skyworks）

思佳讯是一家全球性公司，总部位于美国马萨诸塞州沃本市，在亚洲、欧洲和北美洲都设有工程、制造、销售和服务机构。该公司的产品组合包括放大器、衰减器、检波器、二极管、定向耦合器、前端模块、混合微电路、基础架构 RF 子系统、混频器/解调器、移相器、PLLs/合成器/VCO、功率分配器/合成器、接收器、开关和技术陶瓷制品等，被广泛应用于航空航天、汽车、宽带、蜂窝基础设施、互联家庭、娱乐和游戏、工业、医疗、军事、智能手机、平板电脑和可穿戴设备等。

(3) 英飞凌

在无线通信业务领域，英飞凌的产品包括面向射频连接、移动电话以及无线网络基础设施的芯片和芯片解决方案。除芯片、芯片解决方案以及手机参考设计外，英飞凌在射频技术领域的其他主攻方向还包括短程连接、蜂窝手机和无线基础设施。英飞凌的主要目标之一就是将例如收发器、滤波器、开关和功率放大器等的各种射频功能集成于手机芯片中。

(4) 苏州汉天下

苏州汉天下电子有限公司的前身是成立于 2015 年 7 月的贵州中科汉天下微电子有限公司，于 2019 年 7 月作为重大招商引资项目整体落户苏州工业园区，更名为苏州汉天下电子有限公司，在北京、深圳、香港和绍兴分别设有研发、销售、商务和生产中心。

苏州汉天下核心团队均来自清华大学、中国科学技术大学等著名高校及海外高等学府，具有在 Avago、Skyworks、Global Foundries 等海外知名企业及中科院、中芯国际等国内一流科研院所和公司的研发和管理经验。汉天下是中国领先的射频前端芯片、SoC 芯片以及解决方案的提供商，主要产品为面向手机终端的 2G/3G/4G 全系列射频前端芯片、面向物联网的无线连接 SoC 芯片等，支持高通、联发科、展讯、英特尔等基带平台。

（5）唯捷创芯

唯捷创芯是一家集成电路设计公司，主营业务为射频及高端模拟芯片的研发、设计和销售。2010年成立于天津，在北京、上海等地设有子公司。唯捷创芯主要为客户提供射频前端产品，2020年销售额超过18亿元。唯捷创芯包括射频功率放大器、射频开关芯片、Wi-Fi射频前端模组等在内的射频前端产品已经广泛应用于智能手机、平板电脑、无线路由器、智能穿戴设备等具备无线通信功能的各类移动终端中。产品性能及质量表现受到包括小米、OPPO、VIVO等各类客户的广泛认可。未来唯捷创芯将进一步布局医疗、汽车电子等领域。

（6）锐石创芯

锐石创芯公司成立于2017年，总部位于深圳，在上海、重庆、西安设有分支机构。锐石创芯是专注于高性能的4G/5G射频前端芯片、Wi-Fi PA、L-FEM等产品的研发及销售的高新技术企业，产品涵盖手机、物联网模块、路由器等领域。自创立以来，锐石创芯专注于高性能、高附加值的手机射频前端产品的研发及销售，已陆续推出4G Phase2、5G Phase5N、n41 L-PAMiF、n77/n79 L-PAMiF、Wi-Fi PA、NB-IOT PA等高性能射频产品，以满足国内手机终端厂商未来10年在4G、5G和物联网市场对射频前端产品的巨大需求。

2.1.4 技术链发展现状

1. 制备工艺领域技术发展现状及趋势

（1）衬底

衬底是具有特定晶面和适当电学、光学和机械特性的用于生长外延层的洁净单晶薄片。衬底材料主要为Si、Ge、GaAs、GaN、SiC和蓝宝石等。衬底尺寸是影响器件成本的重要因素，其技术进展将直接影响器件商业化进程。以SiC为例，在降低成本和市场需求等多重因素影响下，SiC衬底尺寸将持续扩大，"十四五"时期我国将推进6英寸衬底规模化量产，突破8英寸衬底关键技术，降低成本，提高自给率。国内SiC衬底技术指标进展如图2-7所示。

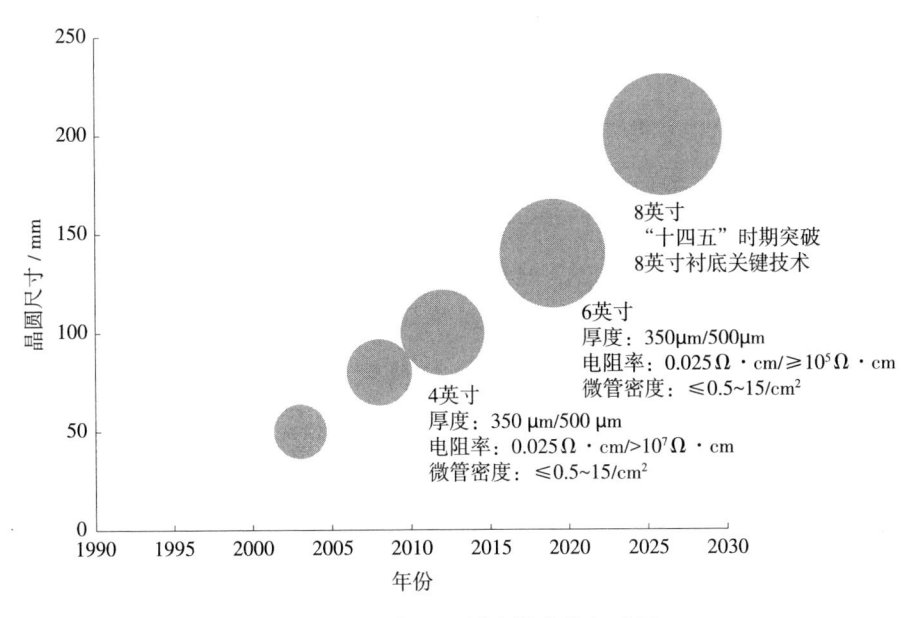

图 2-7　国内 SiC 衬底技术指标进展

资料来源：千际投行，资产信息网，CASA。

图中文字：
- 8英寸 "十四五"时期突破 8英寸衬底关键技术
- 6英寸 厚度：350μm/500μm 电阻率：$0.025\Omega\cdot cm/\geqslant 10^5\Omega\cdot cm$ 微管密度：$\leqslant 0.5\sim 15/cm^2$
- 4英寸 厚度：350μm/500μm 电阻率：$0.025\Omega\cdot cm/>10^7\Omega\cdot cm$ 微管密度：$\leqslant 0.5\sim 15/cm^2$

（2）外延

外延（epitaxy）是指在具有一定结晶取向的单晶衬底上按一定的晶体学方向生长单晶薄膜的方法。

经过多年的发展，现在已经发展了很多种外延方法，常用的几种外延技术有：液相外延（Liquid Phase Epitaxy，LPE）、氢化物气相外延（Hydride Vapor Phase Epitaxy，HVPE）、金属有机化合物化学气相沉积（Metal-Organic Chemical Vapor Deposition，MOCVD）、分子束外延（Molecular Beam Epitaxy，MBE）和化学束外延（Chemical Beam Epitaxy，CBE）等。对于 GaN 基材料，不论是同质外延还是异质外延，采用的生长技术通常有 3 种：MOCVD、MBE 和 HVPE。外延工艺对设备的依赖程度很高，设备供应商对竞争格局和供应链协同效应具有很强的影响力。

2. 电力电子器件技术发展现状及趋势

现阶段国内已商业化的 SiC 产品主要集中在 650～1700V 电压等级，

3300V以上电压等级器件尚处于工程样品阶段，主要产品是SiC二极管和晶体管，SiC IGBT器件还在研发当中。国内以4/6英寸小规模量产线/中试线为主。SiC二极管现已具备650～1700V全系列批量供货能力，导通电流最高50A。泰科天润已经发布3300V/0.6A-50ASiC二极管系列产品。

SiC MOSFET实现650V（120～17mΩ）、1200V（80～25mΩ）、1700V（80～45mΩ）产品小批量生产，尚处于应用推广阶段，代表企业有中电科55所、三安集成、中车时代半导体、全球能源互联网研究院、基本半导体、瞻芯电子等。已经研制出6.5kV（25A，45mΩ·cm^2）、10kV（10A，114mΩ·cm^2）、15kV（10A，204mΩ·cm^2）、20kV（4A，443mΩ·cm^2）SiC MOSFET样品。2020年国内企业推出的SiC器件如表2-1所示。

表2-1 2020年国内企业推出的SiC器件

序号	厂商	产品	参数	特点
1	华润微	SiC二极管	1200V/2～40A 650V/4～16A	6英寸SiC晶圆生产线；工业级产品；主要应用于太阳能、UPS（不间断电源）、充电桩、储能、车载电源等领域
2	泰科天润	SiC二极管	1200V	通过AEC-Q101认证
3	三安集成	SiC MOSFET	1200V/80mΩ	6英寸SiC晶圆生产线；工业级产品
4	瞻芯电子	SiC MOSFET	1200V/80mΩ	国内芯片；工业级产品
5	晟芯半导体	SiC MOSFET	1200V/70mΩ	工业级产品
6	派恩杰	SiC MOSFET	1200V	工业级产品
7	基本半导体	SiC MOSFET SiC二极管	1200V/18mΩ 650V	单芯片电流超过100A，用于工业电源；通过AEC-Q101认证

资料来源：千际投行，资产信息网，CASA。

3. 光电子器件技术发展现状及趋势

半导体照明器件按照材料体系主要分为三种：蓝宝石基GaN、SiC基GaN、Si基GaN，每种材料体系的产品都对应不同的应用。其中，蓝宝石基GaN是最常用的，也是最为成熟的材料体系，大部分LED照明都是通过这种材料体系制造的。SiC基GaN制造成本较高，但由于散热较好，非常适合制造低能耗、大功率照明器件。Si基GaN是三种材料体系中制造成本最低的，适用于低成本显示。

在激光器领域，第二代 InP 半导体激光器凭借较为成熟的技术和优良的性能仍然占有较大的市场份额，在光模块领域占有一席之地。GaN 基激光器可以覆盖到很宽的频谱范围，实现蓝、绿、紫色激光器和紫外探测的制造。紫色激光器可用于制造大容量光盘，其数据存储盘空间比蓝光光盘高出 20 倍。除此之外，紫色激光器还可用于医疗消毒、荧光激发光源等应用。蓝色激光器可以和现有的红色激光器、倍频全固化绿色激光器一起，实现全真彩显示，使激光电视实现广泛应用。

未来，光电子器件将持续保持创新并向精密化、高效化、智能化等方向发展，国内企业也在逐渐攀登高端领域攻克核心技术，实现高端产品的国产化替代。光电子器件的发展是新型信息终端设备制造、智能消费相关设备制造，乃至智能制造装备产业、先进医疗设备及器械制造的重要发展支撑，该领域技术进步将直接推动这些领域的发展。

4. 射频器件技术发展现状及趋势

硅基半导体具有耐高温、抗辐射性能好、制作方便、稳定性好、可靠度高等特点，因而 99% 以上集成电路都是以硅为材料制作的。但是硅基半导体不适合在高频、高功率领域使用。2G、3G 和 4G 时代，PA 主要材料是 GaAs。但是进入 5G 时代以后，由于 5G 的频率较高、传输距离较短，且毫米波对于功率的要求非常高，因此具有体积小、功率大特性的 GaN 是目前最适合 5G 时代的 PA 材料。❶

此外，出于节省 PCB 面积、降低终端厂商研发难度等方面的考虑，射频前端的集成化也是重要的发展趋势。但射频前端的高度集成化将进一步增加其设计难度，需要综合统筹考虑 PA、滤波器、射频开关、LNA 等器件的特性，以及不同类型芯片的结合方式、干扰和共存等问题，设计难度指数化提升。

---

❶ 化合物半导体白皮书. 一文看懂化合物半导体［EB/OL］.（2020-1-13）［2023-4-4］. https://www.compoundsemiconductorchina.net/features.asp?id=2208.

2.2 中国化合物半导体产业发展现状

2.2.1 中国产业经济环境

1. 产业发展态势

我国作为制造业大国,在芯片市场中扮演着重要的角色。根据半导体产业协会的统计,中国半导体销售额在2021年达到了1925亿美元,同比增长27.1%,是全球最大的半导体消费市场。2022年1月,国家统计局宣布,国内半导体的产量在2021年增长了33%,是2020年同期增长率的两倍。❶

国际半导体产业协会(SEMI)发布报告称,2021年全球半导体制造设备销售额激增,相比2020年的712亿美元增长了44%,达到1026亿美元的历史新高,而中国第二次成为半导体设备的最大市场,销售额增长58%,达到296亿美元,这是连续第四年增长。韩国是第二大设备市场,销售额增长55%,达到250亿美元。中国台湾地区增长45%,达到249亿美元,位居第三。❷

而国内半导体产业繁荣的背后暗藏着危机。2021年11月,中国半导体行业协会集成电路分会理事长、中国集成电路创新联盟副理事长兼秘书长叶甜春在2021年中国集成电路制造年会上分享了中国大陆集成电路制造产业的发展情况,❸ 报告的两组数据揭示出了国产半导体背后的隐忧。表2-2介绍了中国集成电路晶圆制造业前十大企业。

---

❶ 电科技. 中国2021年半导体销售达1925亿美元,仍落后美国3~4个世代 [EB/OL]. (2022-2-15) [2023-4-4]. https://baijiahao.baidu.com/s?id=17248100449313360638wfr=spider&for=pc.

❷ IT之家. 2021全球半导体设备销售额1026亿美元:激增44%,中国成最大市场 [EB/OL]. (2022-4-12) [2023-4-4]. https://baijiahao.baidu.com/s?id=1729909138873190811wfr=spider&tfor=pc.

❸ 腾讯网. 叶甜春:中国大陆集成电路制造产业及供应链创新发展情况 [EB/OL]. (2021-11-23) [2023-4-4]. www.cepem.com.cn/news/detail/1642.

表 2-2 "十三五"期间中国集成电路晶圆制造业前十大企业

排序	2016 年	2017 年	2018 年	2019 年	2020 年
1	三星（中国）	三星（中国）	三星（中国）	三星（中国）	三星（中国）
2	中芯国际	中芯国际	英特尔（大连）	英特尔（大连）	英特尔（中国）
3	SK 海力士（中国）	SK 海力士（中国）	中芯国际	中芯国际	中芯国际
4	华润微电子	英特尔（大连）	SK 海力士（中国）	SK 海力士（中国）	SK 海力士（中国）
5	上海华虹宏力	上海华虹集团	上海华虹集团	上海华虹集团	上海华虹集团
6	英特尔（大连）	华润微电子	华润微电子	台积电（中国）	台积电（中国）
7	台积电（中国）	台积电（中国）	台积电（中国）	华润微电子	华润微电子
8	上海华力微	西安微电子所	和舰芯片（苏州）	和舰芯片（苏州）	联芯（厦门）和舰芯片（苏州）
9	西安微电子所	武汉新芯	西安微电子所	西安微电子所	西安微电子所
10	和舰科技（苏州）	和舰科技（苏州）	武汉新芯	武汉新芯	武汉新芯

资料来源：叶甜春 2021 年集成电路制造年会上的报告。

从表 2-2 中不难看出，2020 年国内行业龙头中芯国际在晶圆制造业中实际只能排到第三名，三星、英特尔、SK 海力士三大国际巨头的中国公司分别位列第一、第二和第四名；台积电（中国）、联芯/和舰芯片（控股股东为联电）分别位列第六名和第八名。而纯粹的内资企业只有排名第三的中芯国际、排名第五的上海华虹、排名第七的华润微电子，以及分别排名第九和第十的西安微电子所和武汉新芯。

第二组数据则是中国集成电路晶圆制造业前十大企业的销售收入占比。2016—2020 年，前十大公司中内资晶圆制造企业的销售收入从 364.4 亿元上涨到 567.4 亿元，但整体占比却从 44.0% 下降到了 27.7%，详情见表 2-3。

表2-3 "十三五"期间中国集成电路晶圆制造业前十大企业及分布情况

企业分类	2016年 收入/亿元	2016年 占比/%	2017年 收入/亿元	2017年 占比/%	2018年 收入/亿元	2018年 占比/%	2019年 收入/亿元	2019年 占比/%	2020年 收入/亿元	2020年 占比/%
内资企业	364.4	44.0	416.2	41.1	464.3	39.0	457.9	29.0	567.4	27.7
中国台资企业	57.1	6.9	69.6	6.9	75.9	6.4	120.4	7.6	224.9	11.0
外资企业	406.0	49.1	526.5	52.0	649.4	54.6	1002.2	63.4	1255.2	61.3
合计	827.5	100.0	1012.3	100.0	1189.6	100.0	1580.5	100.0	2047.5	100.0

资料来源：叶甜春2021年集成电路制造年会上的报告。

相比之下，外资晶圆制造企业贡献的销售收入份额，从2016年的49.1%增长至61.3%；台资企业贡献的收入占比也从6.9%涨到11%。叶甜春指出，这意味着行业在增长而内资企业的增长速度远远低于外资和台资企业。

这一现象不仅在晶圆制造业存在，同样出现于集成电路封测行业。根据2020年中国半导体行业协会封装分会的调研报告，以销售额计算，排名前30的封测厂商中仅有13家是内资或合资封测厂商，其余封测厂商均属于外资或台资。不过，和晶圆制造业不同，2019年集成电路封测销售额前三名分别为长电科技、华达微电子（通富微电控股股东）和华天电子，均为内资企业。

2. 产业发展格局

国内半导体产业链中上游各个环节的行业龙头企业聚集于长三角、珠三角、环渤海地区，在宁夏、四川、湖北等中西部地区也有分布。其中长三角地区中上海的集中度排名最高，上游EDA软件的代表企业概伦电子，原材料部分生产大硅片的龙头企业沪硅产业，制造半导体设备的龙头企业盛美半导体，中游芯片设计、封装测试的龙头企业中芯国际、紫光展锐、华虹半导体等均位于上海。

在半导体材料领域方面，从区域竞争格局来看，江苏和广东的半导体材料企业分布较多，其次在浙江、山东和福建等省份也聚集着较多的半导体企业。从代表性上市公司分布情况来看，北京、江苏、上海、广东等地的半导体材料上市公司数量较多。

2.2.2 中国产业政策环境

近年来，受新冠疫情和经济逆全球化趋势影响，半导体全球供应链的稳定性受到了极大的影响，国内针对半导体"卡脖子"领域陆续出台了一系列扶持政策。2019年，发改委发布的《产业结构调整指导目录（2019年本）》中明确将"集成电路设计""新型电子元器件（片式元器件、频率元器件、混合集成电路、电力电子器件、光电子器件、敏感元器件及传感器、新型机电元件、高密度印刷电路板和柔性电路板等）制造"列为鼓励类发展的项目。2020年国务院印发《新时期促进集成电路产业和软件产业高质量发展的若干政策》，其中提到"国家鼓励的集成电路线宽小于28纳米（含），且经营期在15年以上的集成电路生产企业或项目，第1年至第10年免征企业所得税。国家鼓励的集成电路线宽小于65纳米（含），且经营期在15年以上的集成电路生产企业或项目，第1年至第5年免征企业所得税，第6年至第10年按照25%的法定税率减半征收企业所得税。国家鼓励的集成电路设计、装备、材料、封装、测试企业和软件企业，自获利年度起，第1年至第2年免征企业所得税，第3年至第5年按照25%的法定税率减半征收企业所得税"。2021年3月，国家"十四五"规划纲要发布，提出"加强原创性引领性科技攻关。集成电路设计工具、重点装备和高纯靶材等关键材料研发，集成电路先进工艺和绝缘栅双极型晶体管（IGBT）、微电机系统（MEMS）等特色工艺突破，先进存储技术升级，碳化硅、氮化镓等宽禁带半导体发展"。近年来发布的相关政策见表2-4。

表2-4 国家层面半导体相关政策

发布时间	政策名称	主要内容
2021年7月	《关于加快培育发展制造业优质企业的指导意见》	提出要"提高优质企业自主创新能力，……加大基础零部件、基础电子元器件、基础软件、基础材料、基础工艺、高端仪器设备、集成电路、网络安全等领域关键核心技术、产品、装备攻关和示范应用"

续表

发布时间	政策名称	主要内容
2021年3月	《中华人民共和国国民经济和社会发展第十四个五年规划和2035年远景目标纲要》	加强原创性引领性科技攻关。集成电路设计工具、重点装备和高纯靶材等关键材料研发，集成电路先进工艺和绝缘栅双极型晶体管（IGBT）、微电机系统（MEMS）等特色工艺突破，先进存储技术升级，碳化硅、氮化镓等宽禁带半导体发展
2021年1月	《基础电子元器件产业发展行动计划（2021—2023年）》	提出"实施重点产品高端提升行动，面向电路类元器件等重点产品，突破制约行业发展的专利、技术壁垒，补足电子元器件发展短板，保障产业链供应链安全稳定"。"重点产品高端提升行动"中明确在电路类元器件中重点发展耐高温、耐高压、低损耗、高可靠半导体分立器件及模块，小型化、高可靠、高灵敏度电子防护器件，高性能、多功能、高密度混合集成电路
2020年9月	《关于扩大战略性新兴产业投资培 育壮大新增长点增长极的指导意见》	在"聚焦重点产业投资领域"中提出"加快新一代信息技术产业提质增效。加快基础材料、关键芯片、高端元器件、新型显示器件、关键软件等核心技术攻关，大力推动重点工程和重大项目建设，积极扩大合理有效投资"
2020年8月	《新时期促进集成电路产业和软件产业高质量发展的若干政策》	国家鼓励的集成电路线宽小于28纳米（含），且经营期在15年以上的集成电路生产企业或项目，第1年至第10年免征企业所得税。国家鼓励的集成电路线宽小于65纳米（含），且经营期在15年以上的集成电路生产企业或项目，第1年至第5年免征企业所得税，第6年至第10年按照25%的法定税率减半征收企业所得税。国家鼓励的集成电路设计、装备、材料、封装、测试企业和软件企业，自获利年度起，第1年至第2年免征企业所得税，第3年至第5五年按照25%的法定税率减半征收企业所得税
2020年1月	《关于推动服务外包加快转型升级的指导意见》	将企业开展云计算、基础软件、集成电路设计、区块链等信息技术研发和应用纳入国家科技计划（专项、基金等）支持范围
2019年11月	《产业结构调整指导目录（2019年本）》	明确将"集成电路设计""新型电子元器件（片式元器件、频率元器件、混合集成电路、电力电子器件、光电子器件、敏感元器件及传感器、新型机电元件、高密度印刷电路板和柔性电路板等）制造"列为鼓励类发展的项目

续表

发布时间	政策名称	主要内容
2019年10月	《关于政协十三届全国委员会第二次会议第2282号（公交邮电类256号）提案答复的函》	将持续推进工业半导体材料、芯片、器件及IGBT模块产业发展，根据产业发展形势，调整完善政策实施细则，更好地支持产业发展。通过行业协会等加大产业链合作力度，深入推进产学研用协同，促进我国工业半导体材料、芯片、器件及IGBT模块产业的技术迭代和应用推广。提出集成电路是高度国际化、市场化的产业，资源整合、国际合作是快速提升产业发展能力的重要途径。工信部与相关部门积极支持国内企业、高校、研究院所与先进发达国家加强交流合作
2018年11月	《战略性兴产业分类（2018）》	指出"战略性新兴产业是以重大技术突破和重大发展需求为基础，对经济社会全局和长远发展具有重大引领带动作用，知识技术密集、物质资源消耗少、成长潜力大、综合效益好的产业"，并将"半导体分立器件制造""集成电路设计""功率晶体管""新型片式元件""金属氧化物半导体场效应管（MOSFET）""功率肖特基二极管"列为战略性新兴产业
2018年4月	《工业和信息化部办公厅关于印发〈2018年工业通信业标准化工作要点〉的通知》	大力推进集成电路军民通用标准等重点领域标准体系建设，进一步强化技术标准体系建设
2017年2月	《战略性新兴产业重点产品和服务指导目录（2016版）》	明确集成电路等电子核心产业地位，并将集成电路芯片设计及服务、电力电子功率器件列为战略性新兴产业重点产品和服务
2016年12月	《国务院发"十三五"国家战略性新兴产业发展规划的通知》	提出"超前布局战略性产业，培育未来发展新优势"，其中在信息网络领域"推动电子器件变革性升级换代。加强低功耗高性能新原理硅基器件……等领域前沿技术和器件研发。"在"重点任务分工方案"中提出做强信息技术核心产业，组织实施集成电路发展工程
2016年7月	《国家信息化发展战略纲要》	提出"制定国家信息领域核心技术设备发展战略纲要，以体系化思维弥补单点弱势，打造国际先进、安全可控的核心技术体系，带动集成电路、基础软件、核心元器件等薄弱环节实现根本性突破"
2016年5月	《关于软件和集成电路产业企业所得税优惠政策有关问题的通知》	出台了鼓励软件产业和集成电路产业发展的若干企业所得税政策

续表

发布时间	政策名称	主要内容
2015年5月	《中国制造2025》	将集成电路及专用装备作为"新一代信息技术产业"纳入大力推动突破发展的重点领域,着力提升集成电路设计水平

各地方也将半导体产业写入了发展规划,例如,福建省提出支持光刻胶、化合物半导体材料等研发和产业化;上海提出支持芯片生产线建设、提升基础材料产能和技术水平;北京提出在经开区、顺义区建设芯片生产线,聚焦网联汽车、第三代半导体等领域;广东提出以广州、深圳、珠海为核心,打造涵盖设计、制造、封测等环节的半导体及集成电路全产业链;江苏也提出支持GaN、SiC、GaAs等化合物半导体生产线。我国各省市半导体产业政策见表2-5。

表2-5 各省市半导体产业政策

省份	发布时间	政策名称	主要内容
福建	2021年6月	《福建省"十四五"制造业高质量发展专项规划》	增强集成电路材料和装备本地配套及服务能力,支持大尺寸硅片光刻胶、高纯化学试剂、电子气体、化合物半导体材料等研发和产业化
上海	2021年9月	《上海市先进制造业发展"十四五"规划》	推动骨干企业芯片设计能力进入3纳米及以下;支持12英寸先进工艺生产线建设和特色工艺生产线建设,加快第三代化合物半导体发展;提升12英寸硅片、高端掩膜板、光刻胶、湿化学品、电子特气等基础材料产能和技术水平,强化本地配套能力
北京	2021年8月	《北京市"十四五"时期高精尖产业发展规划》	坚持主体集中、区域集聚,围绕国家战略产品需求,支持北京经济技术开发区、顺义区建设先进特色工艺、微机电工艺和化合物半导体制造工艺等生产线;聚焦智能网联汽车、第三代半导体等领域
广东	2021年8月	《广东省制造业高质量发展"十四五"规划》	以广州、深圳、珠海为核心,打造涵盖设计、制造、封测等环节的半导体及集成电路全产业链。支持深圳、汕头、梅州、肇庆、潮州建设新型电子元器件产业集聚区,推进粤港澳大湾区集成电路公共技术研究中心建设

第2章 化合物半导体产业发展现状

续表

省份	发布时间	政策名称	主要内容
江苏	2021年9月	《江苏省"十四五"制造业高质量发展规划》	制造：推动现有生产线提升工艺水平和生产能力，稳步推动22/20nm、16/14nm等先进生产线引进和建设，支持GaN、SiC、GaAs等化合物半导体生产线。封装测试：大力发展晶圆级封装、系统级封装等先进封装技术，支持先进封装生产线建设，提高先进封装比例
浙江	2021年7月	《浙江省全球先进制造业基地建设"十四五"规划》	促进关键战略材料技术突破，重点发展先进半导体材料等；规划布局第三代半导体等颠覆性技术与前沿产业，加快跨界融合和集成创新，孕育新产业新业态新模式
湖北	2021年7月	《光谷科技创新大走廊黄石功能区发展规划（2021—2035年）》	发展以晶圆再生、半导体封装测试为特色的芯产业上游产业，培育硅片研磨、清洗等配套产业，支持硅提纯企业、硅片生产企业设立区域总部研发中心、营运中心和高端产品生产基地
天津	2021年7月	《天津市制造业高质量发展"十四五"规划》	大力发展集成电路等，推动操作系统、数据库、办公软件等领域研发创新，不断向产业前沿和高端领域迈进，打造具有较强国际影响力的新一代信息技术产业高地
江西	2021年9月	《江西省"十四五"制造业高质量发展规划》	发展先进半导体材料和高端新能源材料等关键战略材料；加强半导体、封测、材料、化工、印刷电路板、显示面板等交叉互动
重庆	2021年7月	《重庆市半导体产业发展五年工作方案》	持续做大晶圆制造规模，不断提升封装测试水平，鼓励面板产线技术升级，全力做好金融服务支撑，注重相关专业人才培养，高质量布局"2+N"半导体产业规划
湖南	2021年9月	《关于打造"三个高地"促进湖南高质量发展的实施方案》	实施战略性新兴产业培育工程，积极推动新一代半导体、生物技术、绿色环保、新能源、高端装备等产业发展，构建一批产业发展新引擎
陕西	2021年1月	《全省国民经济和社会发展第十四个五年规划和二〇三五年远景目标纲要》	加快构建集成电路、新型显示、智能终端等完整产业链，积极布局第三代半导体，建设全国重要的新一代信息技术产业基地

续表

省份	发布时间	政策名称	主要内容
黑龙江	2019年6月	《黑龙江省工业强省建设规划（2019—2025年）》	加强晶体生长和硬脆材料精密加工设备及工艺研究，扩大蓝宝石、砷化镓晶体材料及衬底片生产规模，加快高阻砷化镓晶体材料及衬底片的产业化和碳化硅晶体及晶片的研发及试生产

2.3 泉州市化合物半导体产业发展现状

2.3.1 泉州产业发展基础

为承接国家、福建省发展集成电路产业的战略布局，泉州市委、市政府及时作出决策部署，提出"举全市之力、借全国之势、聚全球之智"大力发展半导体产业，加快建设泉州半导体高新技术产业园区，助推全市产业转型升级、经济跨越发展的目标。2017年整合晋江集成电路产业园区、南安高新技术产业园区、安溪湖头光电产业园区三个园区设立省级高新技术产业园区"泉州半导体高新技术产业园区"。

2021年前三季度，泉州市半导体产业实现产值146亿元，同比增长83%，产业现有规模以上企业17家，产值均保持两位数以上高速增长。在2021年公布的2020年度全省开发区考核评价排名中，泉州半导体高新技术产业园区第3年参评，在88家参评开发区中，综合排名已由初次参评的第83位快速提升至第17位，其中科技创新指标排名全省第4，管理服务指标排名全省第5。[1] 泉州市半导体产业加快成形成势，泉州"芯谷"获批海峡两岸集成电路产业合作试验区，泉州市集成电路产业集群入选首批省级战略性新兴产业集群。2022年泉州市《政府工作报告》指出，加快在建半导体项目投产达产，争取半导体产业列入国家战略性新兴产业集群。

---

[1] 泉州半导体高新区. 泉州半导体高新区半导体产业前三季度产值高速增长，成为泉州经济新增长极[EB/OL].（2021-10-29）[2023-4-4]. https://swt.fujian.gov.cn/xxgk/swdt/swyw/snyw/202110/t20211029_5752978.htm.

1. 泉州半导体高新技术产业园区产业基础

泉州半导体高新技术产业园区（以下简称泉州芯谷）规划范围约60平方千米，以存储器制造和化合物半导体制造为支柱，吸引设计、封装测试、制造设备、关键原材料等上下游产业链配套企业落户泉州，推动全产业链集聚。泉州芯谷主动融入国内国际双循环发展新格局，重点推进半导体产业招商引资、项目推进、平台搭建、园区建设等工作，有力推动泉州半导体产业从无到有、从有到优、从优到精。

泉州市半导体产业累计落地项目总投资规模超1300亿元，拥有三安、渠梁等投资额超10亿元项目14个，集聚中石光芯、慧芯、中科宏芯等国内技术领先的优质项目，引入三安半导体、安芯半导体、富宸科技、晋华公司、晶安光电、天电光电、信达光电、中科生物等重点企业50多家，现有规模以上企业17家，产值均保持两位数以上高速增长。泉州芯谷现已形成集成电路、光芯片、射频芯片、高端光电芯片、特种材料5条产业链条，泉州半导体产业相关专利技术发展正处于快速成长期。

泉州半导体高新技术产业园共下设三个园区，园区间有着明确的分工协作：晋江集成电路产业园区重点发展集成电路产业，聚焦存储器制造，构建"设计、制造、封装测试、材料装备、终端应用"的集成电路全产业链生态圈；南安高新技术产业园区重点发展化合物半导体产业，以三安高端化合物半导体制造项目为龙头，重点引进砷化镓、氮化镓、碳化硅、磷化铟等化合物半导体芯片生产线；安溪湖头光电产业园区重点发展光电产业，联合各板块核心企业，主推半导体照明、新型显示屏、光伏等板块。

南安高新技术产业园区着力建设化合物半导体专业园区，重点引进砷化镓、氮化镓、碳化硅、磷化铟等化合物半导体芯片生产线。现在已有泉州三安半导体科技有限公司、福建安芯半导体科技有限公司、福建富宸科技有限公司等多家优质企业入驻，西安交通大学国家技术转移中心也在园区成立了厦门中心南安芯谷工作站。

晋江集成电路产业园区发展定位是建设成全球重要的内存产业生产基地、两岸集成电路产业合作示范中心、海西地区最具特色的集成电路全产业链生态圈。目前有福建省晋华集成电路有限公司、渠梁电子有限公司、泉州市穹空光电科技有限公司、泉州市盛维电子科技有限公司、晋江万芯晨电子科技有限公司、福建晋润半导体技术有限公司、闽芯（晋江）科技有限公司、泉州思力科电子科技有限公司、福建信同信息科技有限公司、晋江三伍微电子有限公司等集成电路公司。

安溪湖头光电产业园区目标定位为LED高科技产业基地，主推半导体照明、新型显示屏、光伏等板块，已集聚晶安、中科、天电、信达等10余家企业入驻，正着力建设集生产基地、研发检测、应用展示、商贸物流为一体的配套齐全、产业链完整的高科技产业园。

2. 泉州半导体高新技术产业园区创新基础

2020年，泉州获批国家级海峡两岸集成电路产业合作试验区，致力于建设海峡两岸人才创新创业基地，优化台湾人才创新创业载体以"筑巢引凤"，力争到2025年实现集成电路产业"双千亿"目标。以合作试验区为依托，结合泉州芯谷的产业聚集优势，泉州市积极搭建创新创业平台，在区域内搭建了科研、服务、融资三种类别的创新创业平台，赋能产业发展。

（1）科研平台

泉州半导体高新区积极推进科研平台建设，新建福州大学-晋江微电子研究院、6·18协同创新院微电子分院、中科生物省级院士专家工作站。联合已建成的晋江集成电路产业学院（泉州半导体高新区晋江分园区管委会、渠梁电子有限公司和泉州信息工程学院共建）、南安芯谷半导体现代产业学院（南安分园区与闽南科技学院共建）等各类科研平台。此外，中科院海西研究院泉州装备制造研究所、工信部电子知识产权中心泉州分中心、福建省集成电路产业园区院士专家工作站、清源创新实验室、泉州师范学院光子技术研究中心、兰姆达物理技术研究院及筹备中的光子技术研究院也成为泉州半导体产业高质量发展的坚实基础。

（2）服务平台

2021年8月，泉州市知识产权保护中心通过国家知识产权局的考核验收并投入运行，提供专利预审、维权援助、知识产权咨询、智库和公共服务平台建设、知识产权教育培训、课题研究、评审论证和交流合作等多种类型的服务。其中预审业务为半导体产业50个IPC主分类小类、15个半导体IPC洛迦诺分类小类提供快速预审服务，助力区域内半导体企业专利申请快速授权。先后举办三届"创业之芯"大赛、首届全国集成电路"创芯大赛"及"芯使命·芯突破"第五届青芯沙龙等丰富多彩的创新创业活动，搭建沟通交流平台，助力产业升级发展。此外还建立了芯华集成电路人才培训中心、安溪县台湾人才之家、南安分园区知识产权保护中心、南安分园区省级专家服务基地，满足企业和人才的多种需求。

（3）融资平台

泉州半导体高新区设立首期规模50亿元的安芯基金、7.61亿元的福厦泉国家自主创新示范区科技成果转化基金、10亿元的泉州市人才创新创业投资基金、泉州半导体高新区还正在筹备半导体产业引导基金，为半导体产业的高质量发展提供资金支持。

2.3.2 泉州产业发展规划

《泉州市国民经济和社会发展第十四个五年规划和二〇三五年远景目标纲要》提出，围绕建设泉州"芯谷"、全国领先的新一代信息技术应用服务示范基地，力争至2025年产值达1500亿元的发展目标。突出服务万物互联、进口替代，强化自主创新及应用，推进对讲机、微波通讯、智能安防产业转型提升，做强集成电路、化合物半导体、光电、新型显示等产业链，抢占智能硬件细分市场高地。围绕打造多个技术领域领先的国内重要新材料产业基地、新材料产业创新中心，优先发展化工新材料、半导体材料、高性能陶瓷材料、石墨烯材料、纺织新材料、新型建筑材料六大重点领域，重点培育石墨烯、氧化锆、3D增材等新材料产业，引导传统产业跟进新材料扩散应用，推动新材料产业与传统产业的跨界融合。以省级半导体高新区"一区三园"和海峡两岸集成电路产业合作试验区为引擎，梯次推进工业城、科技城、未来城建设，谋划环围头湾全域一体发展。围绕两岸融合发展大局，抢抓泉台合作良好机遇，积极导入台湾优质项目、先进管理和领先技术，推动两岸半导体产业、技术、人才融合发展。

《泉州市"十四五"战略性新兴产业发展专项规划》中也指出,要聚焦砷化镓、氮化镓、磷化铟等化合物半导体,建设具有国际先进水平的化合物半导体制造生产线,重点建设氮化镓/砷化镓 LED 外延及芯片制造、大功率氮化镓激光器生产线、射频生产线、滤波器生产线。另外,重点瞄准化合物半导体、新型陶瓷、精细化工、石墨烯、智能制造装备、生物医药等战略性新兴产业,大力引进项目龙头高科技企业,提升龙头企业的产业生态主导能力和产业链关键领域控制力。

2020 年 8 月,《泉州市新材料产业六大重点领域发展实施方案》出台,确定半导体材料为六大优先发展的重点领域之一,依托三安半导体等龙头企业,以福建省化学工程科学与技术创新实验室等为技术支撑,重点发展光刻胶、研磨液、特种电子气体、有机金属气体、大宗气体等电子化学品及各类酸碱、有机溶剂、显影液、漂洗液、剥离液、刻蚀液等湿电子化学品;配套发展砷化镓、氮化镓、碳化硅等Ⅲ-Ⅴ族化合物半导体材料及硅基材料、外延材料、托盘材料等集成电路材料,开发激光器、探测器和光调制器等光芯片材料,提升半导体产业关键材料的国产化水平。

2020 年 12 月,泉州市工信局、泉州市发改委联合印发了《泉州市加快推动制造业优势龙头企业和小巨人企业高质量发展的行动计划(2020—2022年)》,提出围绕打造我国东南部地区最具市场竞争力、产业辐射力和创新活力的半导体产业基地,依托泉州半导体高新技术产业园区(包括晋江分园区、南安分园区、安溪分园区),重点发展集成电路、化合物半导体、LED、网络通信、工业互联网等产业。其中,集成电路产业重点发展存储器制造,加快存储器国产化进程,布局集成电路先进制造和特色工艺制造,构建"设计、制造、封装测试、材料装备、终端应用"的集成电路全产业链生态圈;化合物半导体产业重点引进砷化镓、氮化镓、碳化硅、磷化铟等化合物半导体芯片生产线,发展化合物半导体制造生产线、光通信器件、微波射频及功率型器件和新型材料等产品,打造国内首个化合物半导体专业园区。

2021 年 5 月,泉州市印发《泉州市 2021 年新基建新经济基地建设比拼方案》(以下简称《比拼方案》),其中纳入了"芯谷"南安基地,明确重点发展化合物半导体产业,以三安化合物半导体系列项目为核心,打造国内首个、国际领先的化合物半导体专业基地，打造"港产城"高端融合示范区。基地规划建设面积约 33 平方千米，总投资约 1000 亿元。《比拼方案》提出，未来 5 年内，基地计划投入资金 500 亿元，实现产值 500 亿元以上，打造产业发展特色突出、产业体系基本健全、产业生态较为完善、产业创新显著增强、具有国际竞争力的半导体产业集群。

2021 年 12 月，泉州市印发《泉州市"十四五"制造业高质量发展专项规划》（以下简称《规划》），《规划》提出构建"一湾两翼多点"的产业布局，其中包括南翼科技产业创新高地。聚焦提升产业科技创新能力，聚力五大特色产业组团，提升科技创新能力，打造海峡两岸科技产业创新高地和未来城。建设临空协作区和泉厦科创走廊。以泉州芯谷南安园区、晋江集成电路产业园等为核心，以新一代信息技术、新材料、新能源、生物医药等高科技产业为重点，建成闽西南沿海大通道科技创新产业带和两岸融合发展示范区。

《规划》提出要做大电子信息产业，围绕建设泉州"芯谷"、全国领先的新一代信息技术应用服务示范基地，突出服务万物互联、进口替代，加快集成电路、化合物半导体、新一代移动通信、智能安防、传感器、物联网等产业发展，抢占智能硬件细分市场高地，到 2025 年实现规上工业产值 1500 亿元。针对化合物半导体产业，《规划》提出，要聚焦砷化镓、氮化镓、磷化铟等化合物半导体，建设具有国际先进水平的化合物半导体制造生产线，推动三安高端氮化镓 LED 外延及芯片制造、砷化镓 LED 外延及芯片制造、大功率激光器生产线、射频生产线、滤波器生产线等项目建设，引进化合物半导体上下游产业链项目，形成涵盖"衬底—芯片—封装—应用"的全产业链，打造国内首个化合物半导体专业园区。

2022 年 1 月，晋江市印发《晋江市人民政府关于进一步加快培育集成电路全产业链的若干意见》（以下简称《意见》），提出重点支持和鼓励集成电路设计、制造、封测、装备、材料以及应用终端、创新服务平台等业态的企业、项目、机构、人才入驻，支持集成电路企业做大做强，集聚壮大集成电路产业人才队伍。《意见》围绕招商、投融资、科研、人才四个方面给出了相应的激励政策，营造良好产业生态，助力产业健康发展。

2.3.3 泉州产业主体构成

本节聚焦泉州市化合物半导体产业主要创新主体,旨在了解泉州本地主体的基本情况及产业现状,为后续的线上及实地调研奠定基础。

1. 泉州三安半导体科技有限公司

泉州三安半导体科技有限公司成立于2017年12月,注册资金20亿元,是三安光电股份有限公司旗下全资子公司。三安光电主要从事全色系超高亮度LED外延片、芯片、Ⅲ-Ⅴ族化合物半导体材料、微波通信集成电路与功率器件、光通讯元器件等的研发、生产与销售;据三安光电发布的2021年年度报告显示,其在2021年实现营业收入125.72亿元,首次突破百亿元大关,同比增长48.71%。泉州三安地处南安市石井半导体产业园,规划建设用地约2500亩,总投资333亿元。项目建设期五年(2018—2022年),七年达产,达成后预计可实现年产值270亿元,税收30亿元。项目建设终期,将形成GaN业务、GaAs业务、集成电路业务、特种封装业务四大业务板块。❶

2. 福建安芯半导体科技有限公司

福建安芯半导体科技有限公司于2018年11月14日成立,隶属于北京新毅东科技有限公司。北京新毅东科技有限公司是半导体、LED、LCD制造设备的专业技术服务公司,公司以黄光设备为核心,开发制作全新蚀刻涂胶显影设备,进行全线设备及制程整合,提供客户完整解决方案,主要为中芯国际、三安光电、德豪润达、彩虹蓝光、士兰集成、立昂微电子等半导体领域的龙头企业提供设备及服务,长期作为龙头企业的核心设备提供商。

2019年5月,依托园区租赁后提供的半导体厂房,短短半年内,安芯半导体项目正式投入运营,实现产值8000多万元。2020年,安芯公司已经接到

---

❶ 集微网. 三安光电:泉州三安产能逐步释放,业绩正逐步体现[EB/OL]. (2022-4-11) [2023-4-4]. https://baijiahao.baidu.com/s?id=17298210677206168908wfr=spider&for=pc.

订单约1亿元。目前安芯公司拟将安徽省合肥市的生产线搬至园区,预计为园区新增税收将超100万元/年。未来,福建安芯半导体公司将持续自主研发新黄光和蚀刻设备的销售及技术支持,推动半导体设备国产化进程,助力泉州、南安经济转型跨越赶超发展。

3. 福建富宸科技有限公司

福建富宸科技有限公司是泉州芯谷南安分园区引进的首家台资企业,专注于芯片封装测试领域,是国内唯一一家以砷化镓封测及微波芯片电路设计、RF芯片组件和整合性集成电路测试为主的高科技企业,具有国内市场及技术的唯一性。该项目具有微波组件封装及测试全自动生产线,拥有砷化镓半导体完整的IC设计及封装技术,是集成电路产业发展不可或缺的重要环节。目前三条封测生产线已于2019年10月已经正式投入生产,平均月产10~12KK的元器件,完成产值1350万元,卫星接收模组已开始生产,二期项目正在规划。

4. 福建本芯半导体科技有限公司

福建本芯半导体科技有限公司是新加坡HT Advance Technology Pte Ltd在中国开展销售及研发的子公司,负责整个中国区域的研发、销售、售后。本芯半导体科技有限公司主营半导体特气处理Scrubber机台,公司品牌EcoSys(品牌和技术专利从美国应才收购),有超30年的特气处理经验。公司是EcoSys品牌Scrubber的原生产厂家,是一家集研发、生产、销售于一体的半导体附属设备制造企业。该公司目前有十几款设备,围绕每款设备布局了十几件专利,在中国建立了多家半导体晶圆厂。

5. 福建晶安光电有限公司

福建晶安光电有限公司成立于2011年10月,注册资本5亿元,坐落于泉州半导体产业高新技术产业园安溪分园区,总体规划用地600余亩。公司拥有一支由行业高端人才组成的研发和管理团队,引进具有国际先进水平的工艺生产设备,专注于照明产品及半导体电子材料的研发、生产和销售。

公司以 4 英寸、6 英寸蓝宝石平片衬底和 DPSS 图形衬底的生产销售为主导，同时具备屏幕片、视窗片及光学片等各种规格和用途蓝宝石产品的生产能力。公司同时是国内领先的高品质钽酸锂、铌酸锂等晶体材料的规模化供应商。

6. 福建天电光电有限公司

福建天电光电有限公司成立于 2004 年，公司专注于照明级大功率 LED 器件及光耦封装，为客户提供 LED 照明光源、LED 照明模组、LED 灯具解决方案及全系列光耦方案，是一家集研发、生产、销售于一体的高新技术企业。天电光电以"创新未来，点亮世界"为宗旨，以"开创 LED 照明科技新视界，为客户创造最大价值"为理念，坚持"品质、创新、专注、双赢"的方针。坚持走高品质产品路线，专业生产中高档 LED 封装产品。

7. 福建省中科生物股份有限公司

福建省中科生物股份有限公司（以下简称中科三安）创立于 2015 年，由中科院植物研究所联手福建三安集团，发挥各自在植物学与光电技术领域特长成立的合资企业，是三安集团继光电子、光通讯之后在光生物科技领域的核心布局。

中科三安致力于将 LED 光谱技术应用于生命科学领域，同中科院植物所联合成立光生物产业研究院，专注光生物学应用、室内农业人工智能技术、植物生长照明与环境控制等研究，为复杂的室内农业提供简单的解决方案，推动农业生产技术变革。

8. 福建省晋华集成电路有限公司

福建省晋华集成电路有限公司（以下简称晋华集成电路，JHICC）是由福建省电子信息集团、泉州市金融控股集团有限公司、福建省晋江产业发展投资集团有限公司等共同出资设立的先进集成电路生产企业。

晋华集成电路在福建省晋江市建设 12 英寸内存晶圆厂生产线，开发先进存储器技术和制程工艺，并开展相关产品的制造和销售。该公司以实现集成电路芯片国产化为己任，旨在成为具有先进工艺与自主知识产权体系的集成电路内存（DRAM）制造企业。

9. 渠梁电子有限公司

渠梁电子有限公司的前身是矽品电子（福建）有限公司，位于福建省晋江市，于2017年注册成为全球最大封测集团矽品精密子公司，2020年10月出售给记忆科技集团子公司深圳市海威系统有限公司。

渠梁电子主要从事集成电路封装测试生产，主要针对移动通信5G、服务器、新能源、AI人工智能等领域应用芯片，提供各项集成电路封装测试服务，满足高端客户需求，将建设具有国际先进水平的集成电路封装测试基地。

10. 晋江三伍微电子有限公司

晋江三伍微电子有限公司成立于2018年11月，致力于研究高性能、低功耗的Wi-Fi射频前端芯片。核心团队来自全球前十的芯片设计公司，成员都是射频前端集成电路行业内的资深专家及优秀人才，具备多年研发、项目管理、生产运营、市场营销经验；熟悉并掌握各种世界领先的工艺技术应用。晋江三伍微电子有限公司设立了晋江、上海、美国三个研发中心，产品涵盖SOI开关、5.8G FEM、2.4G FEM、GaAS开关等领域。

2.3.4 泉州产业发展特点

1. 从政策环境看

从政策环境来看，近年来，泉州市密集出台一系列化合物半导体产业支持政策，先后印发《泉州市国民经济和社会发展第十四个五年规划和二〇三五年远景目标纲要》《泉州市"十四五"制造业高质量发展专项规划》《泉州市"十四五"战略性新兴产业发展专项规划》等规划，提出构建南翼科技产业创新高地，做强化合物半导体产业链，聚焦砷化镓、氮化镓、磷化铟等领域，建设具有国际先进水平的化合物半导体制造生产线，重点建设氮化镓/砷化镓 LED 外延及芯片制造、大功率氮化镓激光器生产线、射频生产线、滤波器生产线，泉州市多个"十四五"规划为化合物半导体产业未来五年的发展定下了总基调。

《泉州市新材料产业六大重点领域发展实施方案》确定半导体材料为六大优先发展的重点领域之一，提出开发激光器、探测器和光调制器等光芯片材料，提升半导体产业关键材料的国产化水平。《泉州市 2021 年新基建新经济基地建设比拼方案》提出在南安基地打造国内首个、国际领先的化合物半导体专业基地，《泉州市加快推动制造业优势龙头企业和小巨人企业高质量发展的行动计划（2020—2022 年）》提出重点发展集成电路、化合物半导体、LED、网络通信、工业互联网等产业。《晋江市人民政府关于进一步加快培育集成电路全产业链的若干意见》提出重点支持和鼓励集成电路设计、制造、封测、装备、材料以及应用终端、创新服务平台等业态的企业、项目、机构、人才入驻，支持集成电路企业做大做强。一系列的行动计划和实施方案出台从微观层面为泉州市化合物半导体产业高质量发展提供具体支撑扶持。

2. 从经济环境看

从经济环境来看，目前，泉州已建立泉州半导体高新技术产业园区（以下简称泉州芯谷）规划范围约 60 平方千米，泉州芯谷以存储器制造和化合物半导体制造为支柱，吸引设计、封装测试、制造设备、关键原材料等上下游产业链配套企业落户泉州，下设三个园区。第一个园区是晋江集成电路产业园区，重点发展集成电路产业，聚焦存储器制造；第二个园区是南安高新技术产业园区，重点发展化合物半导体产业，以三安高端化合物半导体制造项目为龙头，重点引进砷化镓、氮化镓、碳化硅、磷化铟等化合物半导体芯片生产线，是泉州市化合物半导体产业的主要承载基地之一；第三个园区是安溪湖头光电产业园区，重点发展光电产业，位于化合物半导体产业下游，主推半导体照明、新型显示屏、光伏等板块。目前园区已吸引三安半导体、安芯半导体、富宸科技、本芯半导体、晶安光电、晋华集成电路、晋江三伍微电子等企业入驻，泉州市化合物半导体产业已初具规模。

其中，三安半导体从事全色系超高亮度 LED 外延片、芯片、Ⅲ-Ⅴ族化合物半导体材料、微波通信集成电路与功率器件、光通信元器件等的研发、生产与销售，是园区乃至全国封装测试领域的龙头企业；安芯半导体开发制造蚀刻、涂胶显影设备，为中芯国际、三安光电等知名客户提供工艺设备解决方案；富宸科技拥有砷化镓半导体完整的 IC 设计及封装技术；晶安光电生产销售 4 英寸、6 英寸蓝宝石衬底和 DPSS 图形衬底；天电光电专注于照明级大功率 LED 器件及光耦封装；晋江三伍微电子研发销售高性能、低功耗的 Wi-Fi 射频前端芯片。

3. 从创新环境看

从创新环境来看，2020 年，泉州获批国家级海峡两岸集成电路产业合作试验区，致力于建设海峡两岸人才创新创业基地，泉州为半导体产业配套了科研、服务、融资平台，为创新企业和人才提供资金、技术、配套设施等多方面的保障和支持，助力产业发展壮大。创新平台方面，泉州通过联合区域外部科研机构，建成了晋江集成电路产业学院、南安芯谷半导体现代产业学院、福州大学-晋江微电子研究院，有效提升了泉州市化合物半导体产业科研实力；服务平台方面，泉州市获批建设国家级知识产权保护中心，建设集成电路人才培训中心、省级专家服务基地等人才服务机构，举办"创芯大赛""芯使命·芯突破"等丰富多彩的创新创业活动，促进行业人才交流合作；融资平台方面，高新区设置安芯基金、成果转化基金、人才创新创业投资基金等，为企业和人才投资创业提供资金支持。

4. 从产业主体看

从产业主体来看，中小企业是泉州市化合物半导体产业的主要创新力量，中下游产业化基础和发展潜力优势明显。泉州市化合物半导体领域企业主体以民营企业为主，中小型规模企业居多，主要集中在中下游器件模组与器件应用领域，已初步构建起较为完善的产业发展链条。

与此同时，泉州市化合物半导体产业发展也表现出一些不足。第一，产

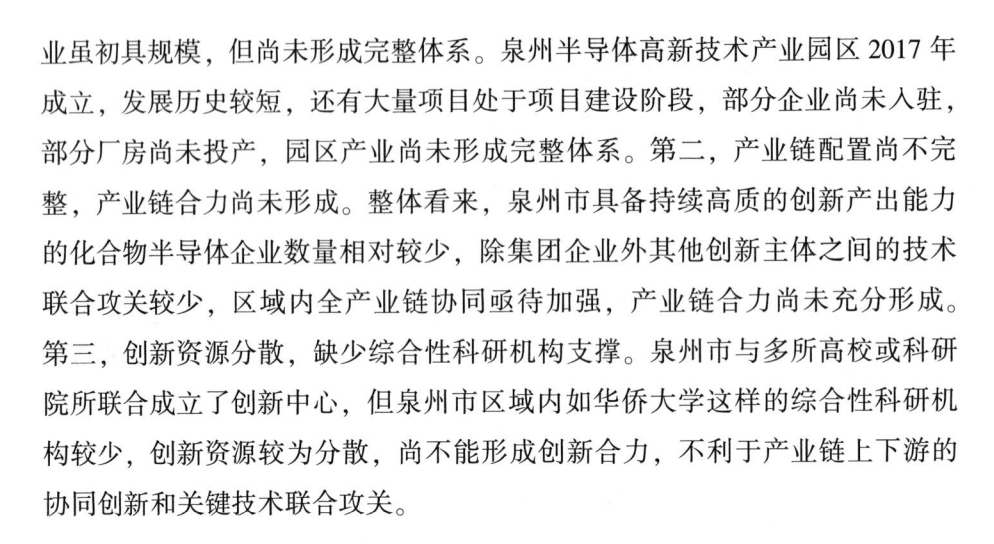

业虽初具规模，但尚未形成完整体系。泉州半导体高新技术产业园区2017年成立，发展历史较短，还有大量项目处于项目建设阶段，部分企业尚未入驻，部分厂房尚未投产，园区产业尚未形成完整体系。第二，产业链配置尚不完整，产业链合力尚未形成。整体看来，泉州市具备持续高质的创新产出能力的化合物半导体企业数量相对较少，除集团企业外其他创新主体之间的技术联合攻关较少，区域内全产业链协同亟待加强，产业链合力尚未充分形成。第三，创新资源分散，缺少综合性科研机构支撑。泉州市与多所高校或科研院所联合成立了创新中心，但泉州市区域内如华侨大学这样的综合性科研机构较少，创新资源较为分散，尚不能形成创新合力，不利于产业链上下游的协同创新和关键技术联合攻关。

2.3.5　泉州市化合物半导体产业实地调查

为了保障泉州市化合物半导体产业专利导航项目的顺利推进，由泉州市知识产权保护中心组织、国家专利导航项目（企业）研究和推广中心参与，对企业和科研院所、协会等本地主要创新主体通过线上问卷、实地走访、座谈会等多种形式进行了实地调查，本节将对调查结果进行综合分析，以期更具体且有针对性地了解目前泉州市化合物半导体产业发展现状，聚焦泉州市的产业发展状况，进一步明晰泉州市相关产业链的主要环节以及在相关技术领域产业链环节上的优势和劣势。

1. 线上问卷调查

本节将对线上问卷反馈结果进行整合分析，为本次专利导航项目开展奠定必要基础。调查问卷结果如图2-8~图2-12所示。

线上问卷调查时间自2022年5月5日9时起，至2022年6月15日13时止，合计约41天。问卷开放期间，共回收问卷30份，其中：来自企业的问卷28份，来自高校科研院所的问卷2份，有效填写数量为28份。通过对回收问卷的统计、分析，得到以下主要结论：

1) 在本地主体构成方面，中小企业为主要创新主体，中下游器件模组与器件应用产业化基础较好，已初步构建起较为完善的产业发展链条。

第 2 章 化合物半导体产业发展现状

泉州市化合物半导体领域企业主体以民营企业为主，中小型规模企业居多，企业经营方式以技术研究创新、生产加工为主，主要涉及器件应用、器件模组等产业链环节，表现出泉州在产业中下游汇集了较多创新主体，尤其是中小企业在较大程度上提升了本地产业化水平。在主要产品涉及技术领域上，涉及衬底、外延生长、光电子器件（LED 芯片或激光器等）、电力电子器件（逆变器、变压器、放大器等）、射频器件（射频芯片等）、太阳能电池（太阳能板、配套电路设备等）、半导体照明（LED 灯等终端产品）、通信（光模块、射频电路等）、液晶显示（液晶面板等），基本覆盖化合物半导体产业全产业链。

第 3 题 单位规模 [单选题]

选项	小计	比例
20 人以下	4	14.29%
21-50 人	5	17.86%
51-100 人	6	21.43%
101-500 人	9	32.14%
501 人及以上	4	14.29%
本题有效填写人次	28	

第 5 题 贵单位参与化合物半导体产业链哪一个环节 [多选题]

选项	小计	比例
制备工艺	10	35.71%
器件模组	13	46.43%
器件应用	16	57.14%
本题有效填写人次	28	

第 7 题 贵单位主要创新内容 [多选题]

选项	小计	比例
产品创新	26	92.86%
生产工艺创新	21	75%
服务创新	8	28.57%
其他	1	3.57%
本题有效填写人次	28	

图 2-8 线上调研问卷结果部分截图（一）

2）在本地龙头企业方面，泉州三安及其子公司晶安光电的技术研发能力突出，分别涉及化合物半导体全产业链及部分细分技术领域，在研发投入、知识产权管理上表现出较高重视度。

福建晶安光电的单位规模达到 501 人及以上，涉及衬底领域制备工艺，目前该企业已有 6~10 人的知识产权管理人员团队；泉州三安单位规模达到 501 人及以上，研发经费超 5000 万元，知识产权管理人员超过 10 人，技术领域涉及衬底、外延生长、光电子、电力电子、射频器件领域，是区域内颇具实力的龙头企业，在化合物半导体技术研发及知识产权工作中表现出了较高的重视度，通过专利持续布局巩固自身行业影响力。泉州市化合物半导体产业已经具备一定的发展基础，未来充分发挥龙头引领作用或可进一步助力产业发展加速。

第8题 贵单位近2年每年的研发投入 [单选题]

选项	小计	比例
500万以下	13	46.43%
500（含）-1000万	8	28.57%
1000（含）-5000万	5	17.86%
5000万以上	2	7.14%
本题有效填写人次	28	

第9题 贵单位研发人员数量 [单选题]

选项	小计	比例
10人以下	11	39.29%
11-50人	10	35.71%
51-100人	5	17.86%
101人及以上	2	7.14%

第15题 贵单位的知识产权管理人员数量 [单选题]

选项	小计	比例
11人以上	2	7.14%
6-10人	2	7.14%
2-5人	19	67.86%
1人	5	17.86%
无	0	0%
本题有效填写人次	28	

图 2-9　线上调研问卷结果部分截图（二）

3）在技术创新方向方面，化合物半导体作为技术密集型产业，中下游发展空间相对较大，电子器件、电力电子器件、射频器件、通信等仍存产业技术难点，通信等下游领域技术发展潜力有待挖掘。

泉州市化合物半导体领域相对较多的企业认为，在通信、半导体照明、光电子器件领域目前尚有较大技术壁垒；通信、太阳能电池、外延生长、光电子器件、电力电子器件领域中国可以实现弯道超车；光电子器件、电力电子器件、射频器件、通信领域存在产业技术难点；行业痛点主要集中在技术研究创新方面。

第26题 您认为目前化合物半导体产业的技术难点集中在哪个领域？ [多选题]

选项	小计	比例
衬底	4	14.29%
外延生长	7	25%
光电子器件	12	42.86%
电力电子器件	13	46.43%
射频器件	9	32.14%
太阳能电池	4	14.29%
半导体照明	3	10.71%
通信	7	25%
液晶显示	3	10.71%
本题有效填写人次	28	

第24题 针对以下哪个技术环节的深入专利分析，将对贵单位研发或知识产权工作开展产生帮助？ [多选题]

选项	小计	比例
衬底	7	25%
外延生长	7	25%
光电子器件	10	35.71%
电力电子器件	10	35.71%
射频器件	7	25%
太阳能电池	8	28.57%
半导体照明	8	28.57%
通信	8	28.57%
液晶显示	3	10.71%
本题有效填写人次	28	

图 2-10　线上调研问卷结果部分截图（三）

4）在专利海外布局方面，较多泉州创新主体拥有在海外布局化合物半导体专利的发展需求，但海外布局意识仍需提升。

泉州创新主体在美国、日本、韩国、世界知识产权组织、欧洲、印度等海外国家/地区组织有知识产权保护需求/专利布局遇到阻碍。以本地的泉州三安半导体科技有限公司为例，其在海外的美国、日本、韩国、世界知识产权组织、欧洲等国家或地区均有知识产权保护需求，但在美国、欧洲的专利布局遇到一定阻碍。

第20题 贵单位在海外哪些国家或地区有知识产权保护需求？[多选题]		
选项	小计	比例
美国	13	46.43%
日本	11	39.29%
韩国	8	28.57%
世界知识产权组织	11	39.29%
欧洲	14	50%
印度	7	25%
其他	6	21.43%
没有需求	7	25%
本题有效填写人次	28	

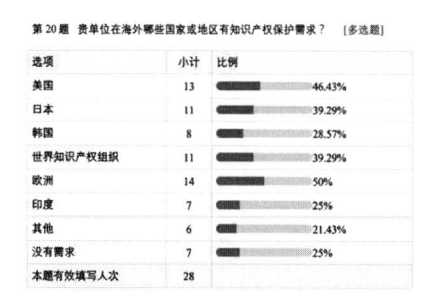

第21题 贵单位在海外国家/地区的专利布局是否遇到阻碍？[多选题]		
选项	小计	比例
美国	6	28.57%
日本	2	9.52%
韩国	2	9.52%
世界知识产权组织	2	9.52%
欧洲	3	14.29%
印度	1	4.76%
其他	4	19.05%
没有阻碍	9	42.86%
本题有效填写人次	21	

图2-11 线上调研问卷结果部分截图（四）

5）在知识产权服务需求方面，技术对接、快速审查需求较为迫切，技术发展趋势、竞争对手技术动向可作为专利导航关注点。

半数企业有高校或科研院所的技术对接和指导的需要；大部分企业有专利预审（快速审查）需求；多数企业有专利申请、知识产权培训、高价值专利培育、专利预警分析等方面的知识产权服务需求，并表示需要高校或科研院所的技术对接和指导，可见本地产学研协同创新尚有提升空间，或可通过科研成果转移转化进一步推动本地化合物半导体产业化进程。对于开展专利导航工作，超过20家企业希望获取所关注技术的发展总体趋势、主要竞争对手的技术动向；10家企业认为对光电子器件技术环节的深入专利分析，将对其研发或知识产权工作开展产生帮助；企业对于主要技术路线（22家）、主要专利壁垒（20家）、最新专利情报（19家）、主要竞争对手技术动态（19家）关注度较高。

第18题 贵单位是否有专利预审（快速审查）需求？ [单选题]

选项	小计	比例
所有专利都有需求	10	35.71%
部分专利有需求	15	53.57%
不需要	3	10.71%
本题有效填写人次	28	

第17题 贵公司是否需要高校或科研院所的技术对接和指导？ [单选题]

选项	小计	比例
需要	15	55.56%
不需要，未来也不会收购高校或科研院所持有专利	3	11.11%
不需要，已经有方案收购高校或科研院所持有专利	2	7.41%
不了解	7	25.93%
本题有效填写人次	27	

第22题 对于开展专利导航工作，贵单位希望获取哪些信息 [多选题]

选项	小计	比例
所关注技术的发展总体趋势	24	85.71%
所关注技术的各国竞争力	18	64.29%
本公司的竞争力	18	64.29%
主要竞争对手的技术动向	24	85.71%
公知技术利用方案	16	57.14%
其他	1	3.57%
本题有效填写人次	28	

图 2-12 线上调研问卷结果部分截图（五）

2. 实地走访调研

2022年7月20—22日，由项目组成员组成调研团队，就泉州重点产业方向，分赴泉州多个区县首先进行了实地调研，先后走访数十家企业，参观生产车间、研发基地，了解企业在经营发展、技术研发等方面的知识产权现状，并通过座谈交流的方式与创新主体就知识产权工作进行面对面交流。

在调研对象方面，涉及晋江分园区、安溪分园区、南安分园区等主要园区，包括福建华清电子材料科技有限公司、福建中科光芯光电科技有限公司、福建慧芯激光科技有限公司、福建晶安光电有限公司、福建天电光电有限公司、泉州三安半导体科技有限公司、安芯半导体科技有限公司、胜科纳米（福建）有限公司等十余家企业，以及华侨大学、福州大学、泉州师范学院、闽南理工大学、仰恩大学、泉州天津大学集成电路及人工智能研究院、福建（泉州）哈工大工程技术研究院等多家高校及科研院所。

经梳理分析，项目组对调研过程中企业、高校等创新主体普遍反映的共性需求进行了汇总，主要包括以下三点：

（1）招商引资需求迫切

园区方面，仍有进一步招商引资的计划与需求，希望进一步完善本地/园区内产业链，提升总体核心竞争力，构建化合物半导体产业良好生态；企业方面，仍需加强产业配套，促进本地企业间沟通交流，构建可循环可持续的本地产业生态。

（2）招才引智需求凸显

大多数企业均表示有人才方面的迫切需求，一方面是具有丰富经验的能够长期在泉州企业任职的核心技术人才，另一方面是专业方向对口、学习能力强的高校毕业生。另外，对于企业来说，招来的人才如何留住也是一个需要关注的问题。

（3）生态构建需求突出

本地企业间缺乏有效的交流机制，同领域间技术人才或相关企业间的了解不够充分，联系不甚密切。另外，本地产业链条的循环体系尚未构建完善，本地企业上下游产业链具备较强的关联性，仅在个别企业中间构建了供应关系或合作联系，不利于本地化合物半导体产业的快速发展。此外，产学研联系尚待加强，高校科研院所科研成果转移转化尚不活跃。

第3章
全球化合物半导体产业专利态势及发展方向

本章以全景模式揭示全球化合物半导体产业发展的整体态势与基本方向。

3.1 全球化合物半导体产业专利态势

3.1.1 全球专利申请态势

截至检索日,全球化合物半导体产业累计申请专利158706项,含发明申请116345项、授权发明34033项、实用新型8328项。从历年申请量变化来看,全球在化合物半导体领域的专利申请量总体呈上升趋势,1986年前后的年申请量一度超过2000项,出现一波"小高峰"。1995年后的专利数量突飞猛进,2018年的全球专利申请量达到顶峰(8404项)。在华专利布局方面,进入21世纪以来,化合物半导体产业在华布局专利量持续攀升,至2018年已达到6290项,约占同年全球相关专利申请总量的75%,很大程度上表现出中国化合物半导体市场在全球发展中占据着重要地位。化合物半导体产业专利申请趋势及专利类型分布如图3-1所示。

第3章　全球化合物半导体产业专利态势及发展方向

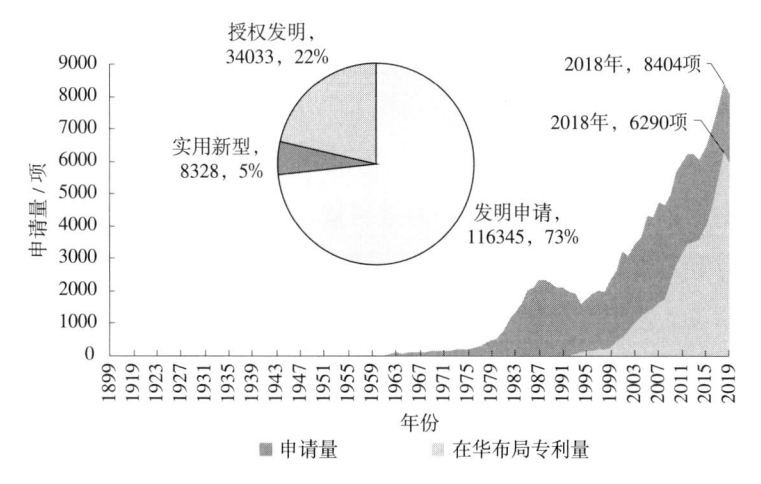

图 3-1　化合物半导体产业专利申请趋势及专利类型分布

进一步结合近 20 年来各二级分支申请量变化趋势来看，器件模组申请量始终较高，其次是器件应用领域，这两个技术领域近年来发展趋势向快向好，如图 3-2 所示。2018 年，化合物半导体器件模组领域专利申请量为 4307 项，达到历年峰值。同年在制备工艺领域仅有 815 项专利申请产出，这或许与制备工艺领域存在较高的专利壁垒有关。2020 年，化合物半导体器件应用领域专利申请量一度超过其他二级技术分支，以 3795 项的年申请量与长期领先的器件模组领域年专利申请量近乎持平。这与近些年来 5G、物联网时代的来临以及新能源汽车、新能源发电等"新基建"的持续快速发展有关，下游器件应用需求日益旺盛，在较大程度上带动了申请人的研发申请热情。

图 3-2　2000 年后化合物半导体产业各二级分支申请量变化趋势

061

图 3-3 所示为化合物半导体产业全球专利申请状态及二级分支的有效专利占比。截至检索日，审中专利有 25719 项、有效专利有 44278 项、失效专利有 88296 项，偏低的专利存活率与化合物半导体产业发展起步较早有关，大量专利由于专利权人未缴纳年费、期限届满等原因导致了无效的法律状态。在有效专利中，器件模组相关专利量占比最大，占 45%，其次为器件应用，占 38%，制备工艺相关专利申请最少，仅占 17%。这反映出近些年来化合物半导体产业发展趋势较好，近几年来专利申请较多，且多为器件模组与应用相关专利申请，所以处于审中及有效状态的专利占比相对较大。

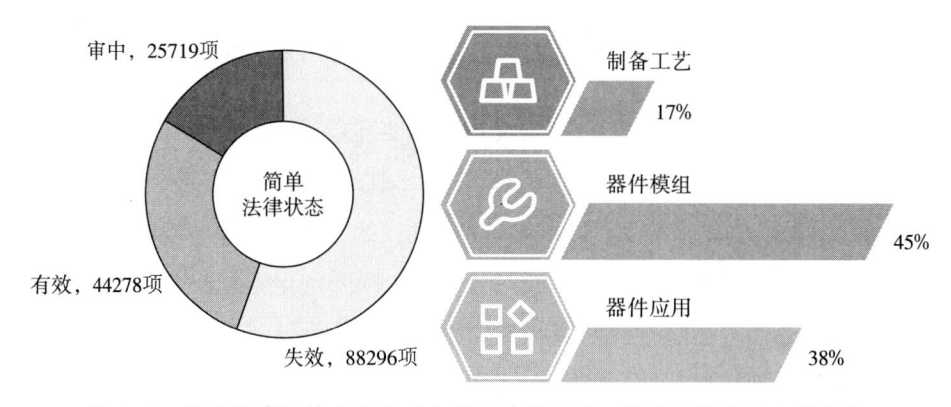

图 3-3 化合物半导体产业全球专利申请状态及二级分支的有效专利占比

3.1.2 国家/地区分析

通过对化合物半导体产业技术来源国/地区进行统计，可以发现化合物半导体产业专利申请主要由中国❶、日本及美国申请人提出，如图 3-4 所示，上述三个国家作为化合物半导体产业最主要的技术来源国，其申请量之和占全球申请总量的 84.19%，这表明在化合物半导体领域内中日美三个国家具有绝对的技术优势，同时掌握着较强的核心技术话语权。其中，中国在国家 2030 计划和"十四五"国家研发计划中已明确第三代半导体是重要发展方向，计划在 2021—2025 年，举全国之力，在教育、科研、开发、融资、应用等各个

---

❶ 不包括港澳台地区。

方面，大力支持发展第三代半导体产业，以期实现技术与生产独立，自给自足，不再受外部限制。在此背景下，第三代半导体材料或可为我国摆脱集成电路被动局面、实现芯片技术追赶和超车提供良机。与此同时，韩国、欧盟各国家、中国台湾地区等紧随其后，在全球化合物半导体产业链中扮演着重要角色。

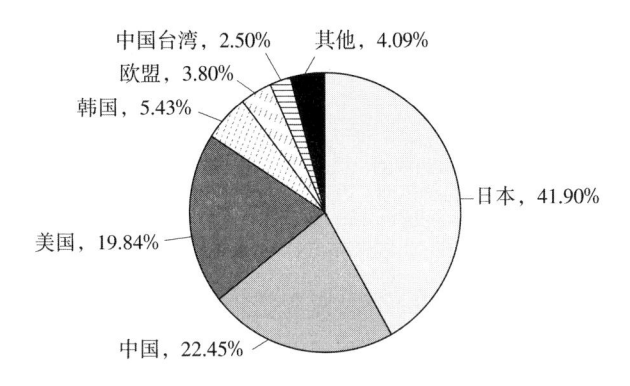

图3-4 化合物半导体产业技术来源国/地区占比分布

（中国台湾，2.50%；其他，4.09%；欧盟，3.80%；韩国，5.43%；美国，19.84%；中国，22.45%；日本，41.90%）

通过对化合物半导体产业专利主要技术来源国/地区进行多维度指标分析，可以看到，日本申请人虽然产出专利量占比最大，但在高频被引证专利及PCT专利占比上美国均处于领先位置，同时，来源于欧盟的PCT专利占比明显高于其他主要来源国/地区，如图3-5所示。可见，相比而言，日本申请人专利产出能力较强，具备较为深厚的技术储备，美国及欧盟国家的专利申请人注重海外布局，拥有相对较高的技术自信。值得注意的是，中国虽然专利申请数量仅次于日本，但是在高频被引证及海外布局等方面仍处于相对劣势水平，在国内申请专利保护的同时，对海外专利申请的重视程度不足，且高质量专利相对较少。

从化合物半导体产业全球专利流向情况来看，日本在中、美、韩等多个国家均进行了专利布局，除了在日本本土进行的专利申请外，日本申请人在中国、美国等国家也进行了大量专利布局，可以看出中美两国是日本最为重视的海外市场，日本申请人希望通过不断地进行专利布局加快形成化合物半导体产业专利壁垒。中国作为全球化合物半导体产业第二大技术来源国，除在美国布局专利外，在日本、欧盟、韩国等国家/地区的布局量均有所不足。

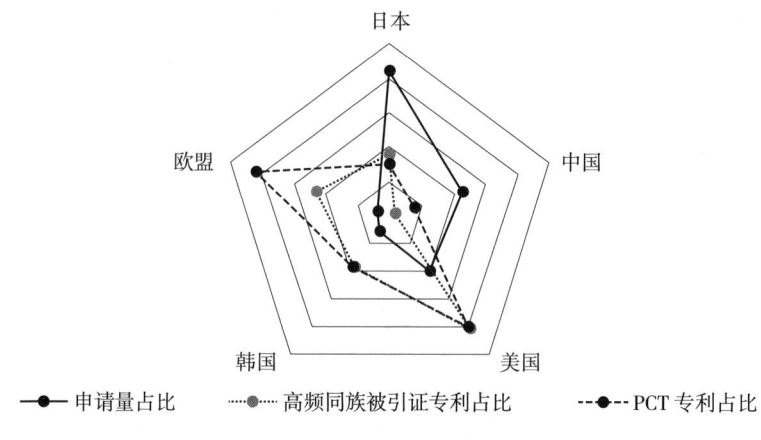

图 3-5　化合物半导体产业主要技术来源国/地区多维度分析

由图 3-6 可以看出，各国申请人均将在美国进行专利申请作为除本土申请以外的首要选择。美国作为一个专利申请大国，具有较为健全的法律保护环境，其市场也被各国普遍重视。综合而言，美国、日本、韩国这些国家有着更为明确的全球化专利布局，而中国申请人的专利布局基本均集中于国内，海外布局意识仍有待提高。

图 3-6　化合物半导体产业主要国家/地区专利市场流向

近年来，全球宏观经济形势错综复杂，大国间的产业链主导权博弈日趋白热化。其中，以第三代半导体器件为代表的国内化合物半导体市场表现出巨大增长空间,据赛迪预测,2022年中国第三代半导体器件市场规模有望冲破608.21亿元,增长率约为78%。第三代半导体器件如今被广泛应用于"新基建"项目,同时作为实现"碳中和"的重要路径。国内在5G通信、新能源等新兴产业的技术水平、产业化规模等方面处于国际优势地位,下游应用需求强劲将促进国内中上游化合物半导体行业的持续发展,进一步提高国内化合物半导体产业在国际市场的影响力。

3.1.3 全球创新主体分析

本节将从企业、科研、人才三个要素出发,以专利信息为入口,结合产业现状,勾勒创新主体轮廓,描绘主要创新主体现状。

1. 企业要素

(1) 技术领军企业

技术领军企业是指对行业内其他企业具有很深的影响、号召力和一定的示范、引导作用的企业。通过对专利申请人进行统计,依据全球专利申请量、同族高频被引证专利量等指标对其专利质量进行评估,筛选出排名靠前的申请人,并结合企业的产业地位进行综合考虑,最终锁定化合物半导体产业技术领军企业,见表3-1。

表3-1 化合物半导体产业前15位技术领军企业

序号	企业名称	国家/地区	1 制备工艺	2 器件模组	3 器件应用	专利申请量/项
1	株式会社半导体能源研究所	日本	115	479	589	1121
2	松下	日本	165	519	464	1103
3	三星	韩国	115	409	466	959
4	住友	日本	320	214	124	632
5	东芝	日本	104	351	188	618
6	夏普	日本	83	223	304	583

续表

序号	企业名称	国家/地区	二级分支申请量/项			专利申请量/项
			1 制备工艺	2 器件模组	3 器件应用	
7	佳能	日本	134	130	315	560
8	台积电	中国台湾	170	392	20	555
9	索尼	日本	82	208	288	550
10	三菱	日本	96	260	185	524
11	IBM	美国	118	255	94	455
12	克里	美国	68	279	102	428
13	富士通	日本	121	198	123	424
14	应用材料公司	美国	332	57	39	417
15	日本电气	日本	95	173	142	389

目前，化合物半导体产业前 15 位的技术领军企业分布在中国（1 家）、日本（10 家）、美国（3 家）、韩国（1 家）。进一步可将上述企业大致分为以下三类：

第一类是雄踞榜单 10 席的日本强企，日本企业产业起步早，不仅擅长于钻研某一类细分市场或者产品，同时专注于细分领域，起步领先、技术积累雄厚，使日本企业在化合物半导体产业积淀了较为深厚的技术基础。如今，松下、三菱、日本电气、住友等强企均雄踞榜单前列。

第二类是以美国企业为代表的"老牌"企业，这类企业实力雄厚、技术扎实，不但拥有稳定的市场占有率，还持续不断地进行研发投入，如 IBM 等企业作为半导体技术领先公司，并以输出技术及提供服务平台而闻名，屹立于世界竞争之林。

第三类代表性企业则是来自韩国和中国台湾地区的新兴材料企业。韩国半导体产业在 20 世纪 90 年代便开始投入化合物半导体的发展，但在亚洲金融风暴及网络泡沫之后增速有所减慢。中国台湾则在当今世界化合物半导体领域占有举足轻重的位置，汇集了专研化合物半导体的诸多优秀人才。尤其在 90 年代开始，不少在海外工作多年的杰出人才，纷纷回台创立公司。在海归派及本土派通力合作下，历经数年，逐渐在世界舞台上崭露头角并脱颖而出。

（2）新兴势力企业

新兴势力企业，即新进入行业的企业，这些企业通常已拥有自主知识产权的核心技术、知名品牌，进入行业晚但在市场竞争中具有优势和持续发展能力，这些企业往往代表着产业发展的新活力和新方向。通过对专利的申请人进行统计，筛选近五年❶开始进行专利申请且表现出较大发展潜力的企业申请人，可以锁定产业的新兴势力企业，见表3-2。

表3-2 化合物半导体产业前10位新兴势力企业

序号	企业名称	最早申请年份	专利申请量/项
1	重庆康佳光电技术研究院有限公司	2019	121
2	西安智盛锐芯半导体科技有限公司	2017	105
3	成都辰显光电有限公司	2017	78
4	深圳市华星光电半导体显示技术有限公司	2017	77
5	常州纵慧芯光半导体科技有限公司	2018	75
6	长鑫存储技术有限公司	2017	53
7	武汉华星光电半导体显示技术有限公司	2017	52
8	英诺赛科（苏州）科技有限公司	2020	51
9	苏州汉骅半导体有限公司	2018	48
10	上海祖强能源有限公司	2020	47

通过对上述新兴势力企业进行背景调研分析，可以发现这些新进企业背后大多拥有企业集团提供技术及资金等方面的支持。例如，重庆康佳光电技术研究院成立于2019年9月，隶属于康佳集团，从成立之初就定位为第三代及下一代化合物半导体开发和量产平台，基于研究院Micro LED全产业链的擎天架构，从芯片外延、芯片制造、基板设计、巨量转移到终端设备应用的多维加速技术落地；华星光电旗下拥有多家半导体显示技术领域企业，其中深圳市华星光电半导体显示技术有限公司、武汉华星光电半导体显示技术

---

❶ 近五年指2017年至检索日，下同。

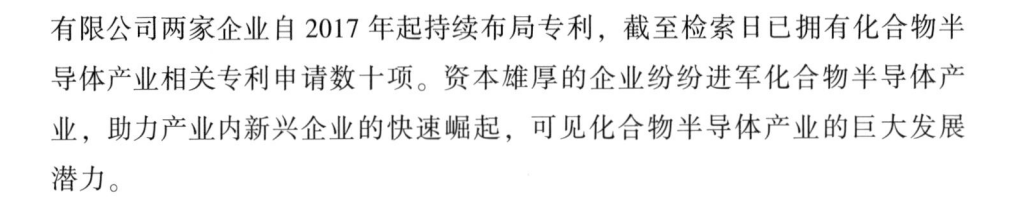

有限公司两家企业自 2017 年起持续布局专利，截至检索日已拥有化合物半导体产业相关专利申请数十项。资本雄厚的企业纷纷进军化合物半导体产业，助力产业内新兴企业的快速崛起，可见化合物半导体产业的巨大发展潜力。

2. 科研要素

本小节将重点分析关键科研要素——科研院所、高等院校，对化合物半导体领域科研主体专利信息进行详细分析。

(1) 核心科研院所

由已检索到的科研院所专利数据统计结果可见，申请量排名前 10 位的科研院所中，来自中国的院所占据 5 席，多数为中科院研究所；韩国电子通信研究院在化合物半导体领域已经积累了较多研究成果，截至检索日，以 355 项专利申请量排名第 3 位。具体见表 3-3。

表 3-3 化合物半导体产业专利申请量前 10 位科研院所

序号	科研院所名称	1 制备工艺	2 器件模组	3 器件应用	专利申请量/项
1	中国科学院半导体研究所	141	707	179	926
2	中国科学院微电子研究所	161	317	44	484
3	韩国电子通信研究院	37	221	123	355
4	中国科学院苏州纳米技术与纳米仿生研究所	31	140	124	277
5	财团法人工业技术研究院	21	130	100	244
6	日本工业技术院长	113	60	36	201
7	中国科学院上海微系统与信息技术研究所	52	89	45	174
8	独立行政法人产业技术综合研究所	71	58	39	163
9	中国科学院长春光学精密机械与物理研究所	21	101	51	148
10	弗朗霍夫应用研究促进学会	14	53	55	116

注：二级分支申请量/项

其中，中国科学院半导体研究所以926项专利申请量高居榜首，其成立于1960年，是中国国务院直属事业单位，是集半导体物理、材料、器件及其应用于一体的半导体科学技术的综合性研究机构。研究所主要的研究方向和领域有半导体物理、材料、器件、工艺、电路及其集成应用研究以及人工智能领域相关研究等。2022年4月，中科院半导体所集成光电子学国家重点实验室赵德刚研究员团队研制出氮化镓（GaN）基大功率紫外激光器，室温连续输出功率2W，电注入激射波长384 nm。这是赵德刚研究员团队在实现波长小于360nm的AlGaN紫外激光器突破之后取得的又一重要进展。瓦级大功率紫外激光器的成功制备标志着我国已经具备研制大功率紫外激光器的能力，并有望实现大功率紫外激光器的国产化，此工作具有重要的科学价值和经济价值。

中国科学院微电子研究所位于北京市朝阳区，是我国微电子技术和集成电路产业领域的创新研发核心机构之一，是国内唯一具备从原理器件、集成工艺、系统封装到核心芯片开展全链条研发、成体系进行核心技术攻关的综合科研机构。学科方向涉及集成电路设计、制造、封装、设备、微纳加工、光学检测、物联网核心技术及应用等，为国内集成电路领域学科方向布局最完整的综合研究与开发机构，设有5个半导体器件与集成电路制造研发单元（硅器件与集成研发中心、微电子器件与集成技术重点实验室、高频高压器件与集成研发中心、集成电路先导技术研发中心、系统封装与集成研发中心），3个集成电路装备研发单元（微电子仪器设备研发中心、光电技术研发中心、光刻技术总体部），6个集成电路设计与应用研发单元（智能感知研发中心、健康电子研发中心、新能源汽车电子研发中心、通信与信息工程研发中心、智能制造电子研发中心、EDA中心）。

（2）重点高等院校

表3-4列出了化合物半导体产业专利申请量排名前10位的高等院校，中国高校申请人表现亮眼，占据了8个席位。由表3-4可见，器件模组和器件应用是大多数高等院校的重点研究方向。

表 3-4　化合物半导体产业专利申请量前 10 位高等院校

序号	企业名称	二级分支申请量／项 制备工艺	二级分支申请量／项 器件模组	二级分支申请量／项 器件应用	专利申请量／项
1	西安电子科技大学	168	642	106	786
2	电子科技大学	13	399	139	531
3	加利福尼亚大学董事会	68	171	82	310
4	华南理工大学	33	183	88	275
5	北京工业大学	11	170	60	221
6	东南大学	5	89	90	174
7	北京大学	44	121	33	173
8	浙江大学	23	93	68	169
9	中山大学	47	84	58	162
10	麻省理工学院	47	64	51	152

电子科技大学位于四川成都，成立于 1956 年 9 月，由交通大学（现上海交通大学、西安交通大学）的电讯工程系、华南工学院（现华南理工大学）的电讯系和南京工学院（现东南大学）的无线电系合并创建而成的新中国第一所无线电大学。现为国家建设"双一流"A 类高校，是我国"电子类院校的排头兵"。西安电子科技大学的微电子学院作为全国首批 9 所国家集成电路人才培养基地之一，囊括"高性能集成电路设计、宽禁带半导体器件与材料、新型材料和器件"三类科研方向，分为"微电子学、微电路与器件、集成系统工程、集成电路工程"四个科研系。另外，西安电子科技大学还牵头组建了化合物半导体器件与集成电路国家工程研究中心，2019 年 2 月正式获得国家发改委立项批复，这是该校获批建设的第一个国家工程研究中心。据悉，华为与西安电子科技大学长期保持战略合作的关系，西安电子科技大学是华为在化合物半导体技术领域发展的重要人才库和技术策源地，前期合作成果已得到广泛应用。

3. 人才要素

（1）核心技术人才

核心技术人才是指行业内专门从事技术研发、攻关，拥有国际领先成果，为产业发展作出创新贡献的人。通过重点关注技术领军企业的核心发明人专利产出情况，对其PCT、有效专利及高被引专利进行综合评估，锁定产业的核心技术人才，见表3-5。

表3-5　化合物半导体领军企业前15位核心技术人才

序号	第一发明人	所属企业	申请量/项	PCT专利占比/%
1	YAMAZAKI, SHUNPEI	株式会社半导体能源研究所	463	40.39
2	THEN, HANWUI	英特尔公司	60	81.67
3	宇田川隆	昭和电工株式会社	59	23.73
4	程凯	苏州晶湛半导体有限公司	76	76.32
5	ANDERSON, BRENTA	国际商业机器公司	44	9.09
6	NOSAKA, KOJI	株式会社村田制作所	40	100.00
7	寺口信明	夏普株式会社	36	8.33
8	佐藤俊一	株式会社理光	33	18.18
9	末広好伸	丰田合成株式会社	32	6.25
10	岩崎修	富士胶片株式会社	30	16.67
11	田中健一郎	松下电器产业株式会社	28	10.71
12	近藤崇	富士施乐株式会社	28	10.71
13	藤原伸介	住友电气工业株式会社	25	8.00
14	大塚健一	三菱电机株式会社	25	8.00
15	中原健	罗姆股份有限公司	24	45.83

国外方面，如表3-5所示的核心技术人才大部分来自日本龙头企业，如株式会社半导体能源研究所、昭和电工、村田制作所、夏普等老牌强企。这与日本在人才储备方面构建的优势不无关系，得益于日本强大的教育水平，日本在化合物半导体领域积累了深厚的半导体人才储备和杰出的核心技术领军人才。

国内方面，苏州晶湛半导体有限公司的程凯以 76 项专利申请和高达 76.32% 的 PCT 专利占比位列化合物半导体领军企业核心技术人才第 4 位。程凯曾任 IMEC（欧洲微电子中心）资深科学家，在业界第一次制备出 6 英寸和 8 英寸硅上氮化镓电力电子材料。从事科研工作 10 多年来，程凯在电子工程，特别是氮化镓外延材料的研究上，屡屡刷新业界科研最新成果，是业界公认的硅上氮化镓（GaN-on-Si）外延技术的开拓者之一，其研究成果也显示着世界最高的氮化镓外延材料研究水准。他在 100mm SiC 衬底上实现了超高电子迁移率的 GaN 外延材料，电子迁移率>2360cm/（V·s），射频器件 48V 时的输出功率密度>14W/mm、效率（PAE）超过 70%。2014 年，在 200mm 硅衬底上实现了击穿电压超过 1600V 的 GaN 电力电子材料和器件，器件漏电流密度小于 10μA/mm，此结果再次引起业界的广泛关注，苏州晶湛半导体有限公司也成为世界上第一家批量生产 200mm 硅上氮化镓材料的商用公司。程凯已入选科技部第三代半导体材料及应用专家组成员，截至检索日共申请发明专利逾 70 项，构建了晶湛公司完整的第三代半导体氮化镓材料的知识产权体系，科技成果突出。

（2）创新创业人才

创新创业人才是指拥有行业内领先技术成果，有创业经验且有较强的经营管理能力的人。筛选当前专利权人类型为企业的专利，聚焦具备较强专利成果产出能力的企业创始人/法人代表，锁定下述创新创业人才，见表 3-6。

表 3-6　化合物半导体产业创新创业前 15 位人才

序号	第一发明人	企业名称	申请量/项	企业成立年份
1	叶伟炳	东莞市闻宇实业有限公司	95	2004
2	程凯	苏州晶湛半导体有限公司	76	2012
3	刘召军	深圳市思坦科技有限公司	39	2018
4	王永向	成都聚合科技有限公司	36	2011
5	左瑜	西安科锐盛创新科技有限公司	24	2016
6	顾伟	江西兆驰半导体有限公司	19	2017
7	郝茂盛	上海芯元基半导体科技有限公司	18	2014
8	胡家培	西安智海电力科技有限公司	16	2003

续表

序号	第一发明人	企业名称	申请量/项	企业成立年份
9	黎子兰	广东致能科技有限公司	15	2018
10	张乃千	苏州能讯高能半导体有限公司	12	2011
11	黄涛	成都雷克尔科技有限公司	12	2015
12	林宇杰	上海博恩世通光电股份有限公司	11	2009
13	马飞	浙江集迈科微电子有限公司	10	2018
14	卓廷厚	厦门芯光润泽科技有限公司	10	2016
15	李利平	成都聚合追阳科技有限公司	10	2016

程凯博士，现任苏州晶湛半导体有限公司董事长、总裁，从事科研工作近20年。2002年毕业于清华大学电子工程系，获本科和硕士学位，2003年留学比利时，进入鲁汶大学和欧洲微电子研究中心（IMEC）联合培养博士项目。2007年获得中国国家优秀自费留学生奖学金，2008年获得电子工程博士学位。随后在IMEC获得永久职位，任资深科学家，致力于氮化镓外延材料、器件设计等方面的研发。2012年3月，程凯离开生活了多年的欧洲，选择回国创业。个人学术背景与氮化镓市场前景的一拍即合，让程凯积极投身氮化镓材料赛道，创立晶湛半导体，致力于关键宽禁带半导体——氮化镓外延材料的研发和产业化。

刘召军作为深圳市思坦科技创始人之一，是香港科技大学电子与计算机工程学专业博士，在Micro LED领域已深耕多年，是世界上最早从事该项工作的研究者之一，多项研究成果世界领先。2006年至今，刘召军已研发出十余代Micro LED显示芯片，从单色到彩色，分辨率不断提高，像素尺寸不断缩小。此外，该公司联合创始人邱成峰博士也长期从事LCD、OLED材料与器件研发工作，取得多项突出成果，并历经了四代显示技术迭代更替，具备非常丰富的产业化经验。联合创始人孙小卫博士从事新型显示与量子点技术方面的研究，重点推动Micro LED彩色化技术的应用，是国内量子点领域的领军人物。思坦科技团队研发人员占比超过85%，且均在光电显示/半导体领域有丰富产业经验，在自身科创氛围浓厚、人才资源丰富等"引擎"推动下，思坦科技成为国内少数几家走在Micro LED技术最前沿的创新企业。

(3) 科研骨干人才

科研骨干人才是指在高校、研究所等科研机构内部担任科研活动的核心力量，拥有领先创新成果且创新活跃的人才。筛选当前专利权人类型为高校或研究院所的专利，通过统计专利的第一发明人，将专利申请量、有效专利持有量、高频被引证专利量等作为优选指标，并充分考虑前述科研机构的创新活跃人才，锁定下述科研骨干人才，见表3-7。

表3-7 化合物半导体产业前15位科研骨干人才

序号	第一发明人	所属科研机构	申请量/项	有效占比/%
1	张金平	电子科技大学	78	76.92
2	李泽宏	电子科技大学	52	21.15
3	张进成	西安电子科技大学	31	25.81
4	罗小蓉	电子科技大学	31	29.03
5	郝跃	西安电子科技大学	28	42.86
6	殷华湘	中国科学院微电子研究所	26	53.85
7	江灏	中山大学	22	59.09
8	王晓亮	中国科学院半导体研究所	22	31.82
9	欧欣	中国科学院上海微系统与信息技术研究所	22	45.45
10	王冲	西安电子科技大学	18	44.44
11	朱慧珑	中国科学院微电子研究所	18	38.89
12	王永进	南京邮电大学	18	44.44
13	罗毅	清华大学	16	31.25
14	邓小川	电子科技大学	13	38.46
15	WEI, YANG	清华大学	12	91.67

其中，张金平分别于2000年、2004年和2009年获电子科技大学学士、硕士和博士学位。2005年2月至2010年12月在英特尔公司成都、上海、马来西亚、美国等地的分公司工作，2010年12月至今，在电子科技大学微电子与固体电子学院工作，现主要致力于新型功率半导体器件及集成技术相关的研究。作为项目负责人主持横向合作项目多项，并作为课题骨干参与了包括国家重大基础研究子课题、国家科技重大专项子课题以及国家自

然科学基金等项目的研究，在 Semiconductor Science and Technology、Microelectronic Engineering、Electronics Letters、Chinese Physics B 等国内外学术期刊/会议上发表科研论文 20 余篇。截至检索日，来自电子科技大学的张金平博士以第一发明人申请化合物半导体相关专利共计 78 项，其中有效专利占比高达 76.92%。

张进成教授，1998 年、2001 年、2004 年分别在西安电子科技大学获得微电子技术专业学士学位、微电子学与固体电子学硕士和博士学位。2001 年 3 月留校任教，2009 年晋升教授，现任西安电子科技大学党委常委、副校长。研究方向主要涉及宽禁带半导体（GaN）器件、超宽禁带半导体（金刚石、氧化镓、氮化铝）器件、微波毫米波太赫兹集成电路与工艺等方面。张进成教授还曾于 2016 年获得教育部长江学者特聘教授称号，2018 年荣获科技部中青年科技创新领军人才称号，2019 年入选国家杰出青年基金项目。

总体来看，我国在化合物半导体领域的科研实力较强，中国科学院、西安电子科技大学、北京大学、中山大学、浙江大学、电子科技大学等众多高校和研究所均有着数十年的研究积累，拥有产业发展需要的高层次人才和高水平技术，在此基础上应进一步加速高校和科研单位的技术转化，推动国内化合物半导体产业蓬勃发展。

3.2 全球化合物半导体产业发展方向

3.2.1 产业结构调整方向

1. 从全球申请来看

从全球申请来看，上游制备工艺稳定发展推动中下游器件模组及应用多元化增长。

截至检索日，全球化合物半导体产业制备工艺、器件模组、器件应用领域专利申请量分别为 28530 项、75448 项和 62136 项。以每 3 年为一个周期，对 2001—2021 年期间各技术分支的专利申请总量进行统计。可以看到，器件模组分支专利申请从 4477 项逐渐提高至 2016—2018 年的峰值 13439 项，而器件应用领域则从 3839 项逐渐提高至 10165 项；从分支申请量占比整体来看，器件模组占比基本保持在 50% 左右，器件模组、器件应用均连续保持增长态势，呈现出较高的成长性。与此同时，制备工艺作为决定化合物半导体器件特性的关键环节，该领域专利申请量基本维持在 2000 项左右，虽然制备工艺领域的专利申请数量及占比在中下游的快速发展下表现出一定程度的降低，但总体上看仍维持着相对平稳的发展状态。全球化合物半导体产业环节布局变化趋势如图 3-7 所示。

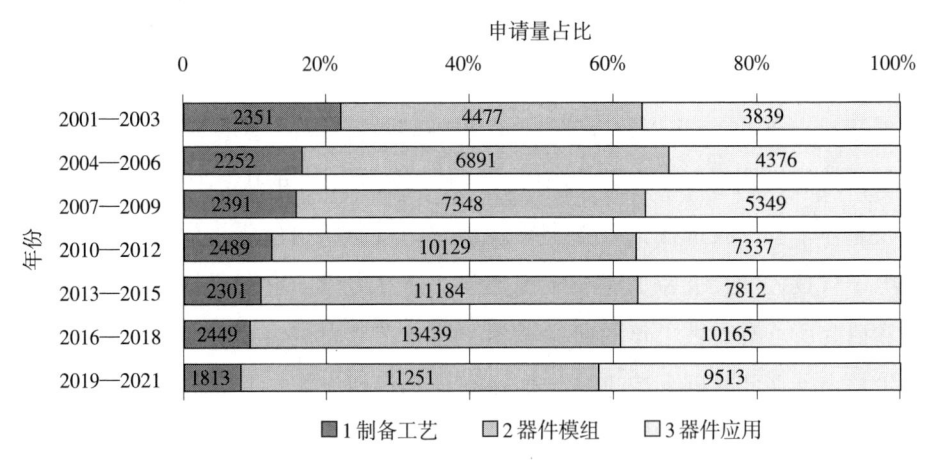

年份	制备工艺	器件模组	器件应用
2001—2003	2351	4477	3839
2004—2006	2252	6891	4376
2007—2009	2391	7348	5349
2010—2012	2489	10129	7337
2013—2015	2301	11184	7812
2016—2018	2449	13439	10165
2019—2021	1813	11251	9513

图 3-7　全球化合物半导体产业环节布局变化趋势

2. 从主要国家来看

从主要国家来看，日本掌控制备工艺较高话语权，多国加码发力器件模组及器件应用布局。

国际上美国、欧盟、日本、韩国在化合物半导体领域均具有较强的实力，其发展模式和方向有助于了解整个产业的发展方向，因此选取美国、欧盟、日本、韩国四个国家/地区进行分析。

如表 3-8 所示，与其他主要国家/地区相比，日本在制备工艺领域的领先优势更为明显，其在该领域至今仍保持着相对较高的技术成果产出能力；韩国在发展上侧重器件应用领域，制备工艺和器件模组领域专利申请占比下降明显，同时，器件应用领域从10年前的41.06%迅速提升至85.35%，可见近年来韩国有越来越多的申请人开始投身于器件应用领域研发当中，相关申请占比得以大幅度提升。而美国和欧盟近年来则在器件模组领域的发展更为突出，美国在器件模组领域的专利申请占比由36.43%大幅上涨至60.80%，欧盟也有超10%的增长。中国方面，器件模组始终是其占比最大的技术分支，基本均维持在50%左右，器件应用领域近年来则基本维持上升态势，近10年来由32.79%逐步提升至近3年的44.45%，有望进一步打开成长空间。

表3-8 主要国家/地区化合物半导体产业专利布局变化趋势

二级分支	国家/地区	2001—2003年	2004—2006年	2007—2009年	2010—2012年	2013—2015年	2016—2018年	2019—2021年
1 制备工艺	美国	26.67%	21.38%	16.89%	15.72%	13.32%	14.93%	9.92%
	日本	22.33%	16.98%	17.27%	15.16%	15.24%	16.55%	14.35%
	韩国	14.72%	9.17%	7.85%	10.14%	4.51%	2.48%	1.81%
	欧盟	21.58%	18.77%	16.07%	18.88%	12.33%	9.46%	9.36%
	中国	17.18%	17.99%	13.40%	9.50%	8.67%	5.54%	6.66%
2 器件模组	美国	36.43%	44.41%	44.73%	46.53%	51.54%	55.65%	60.80%
	日本	40.40%	48.22%	46.96%	44.15%	45.14%	39.01%	37.58%
	韩国	52.84%	63.92%	53.62%	48.80%	38.73%	24.98%	12.84%
	欧盟	47.21%	48.22%	50.77%	45.28%	57.29%	58.42%	59.06%
	中国	47.49%	56.83%	41.99%	57.71%	55.53%	54.16%	48.89%
3 器件应用	美国	36.90%	34.21%	38.38%	37.76%	35.14%	29.42%	29.29%
	日本	37.27%	34.80%	35.78%	40.69%	39.62%	44.44%	48.06%
	韩国	32.45%	26.92%	38.53%	41.06%	56.76%	72.54%	85.35%
	欧盟	31.21%	33.00%	33.16%	35.84%	30.38%	32.12%	31.58%
	中国	35.32%	25.18%	44.61%	32.79%	35.80%	40.30%	44.45%

3. 从跨国企业来看

从跨国企业来看，国际大厂先行布局，或通过中游拉动全产业链提升或积极下沉下游关键应用领域。选取在主要创新主体的企业排名中靠前的松下和三星两家企业进行具体分析，作为领域内知名度较高的跨国龙头企业，其技术涉及面较广、整体技术实力较强，其专利布局变化在产业内企业业务战略调整方面具备一定的典型性，通过追踪上述企业的研发热点变化来获悉化合物半导体领域较为头部前端的历史专利热点变化。

（1）松下

松下的研发重心偏向器件模组领域，积极实现化合物半导体全产业链布局。

如表3-9所示，近20年来，松下制备工艺领域专利占比逐渐下降，专利申请量占比萎缩，器件模组分支中，发展重心逐渐有从光电子器件转向电力电子器件的趋势，2016年以来，电力电子器件超越光电子器件分支成为松下的第一大分支，近3年在射频器件领域松下持续发力，专利申请量从个位数迅速提高至48项，同期，松下在广州的新工厂开工建设，主要提供5G电子材料。器件应用领域中，2009年之前，松下在通信领域的专利产出最多，此后在太阳能电池和半导体照明领域的投入有所增加。自2010年以来，松下开始发力通信和液晶显示领域，相关领域的增长较为明显。总体来看，松下在加大中游研发力度的同时，逐步构建起化合物半导体全产业链专利布局。

表3-9 松下化合物半导体产业专利技术布局　　　　　　　单位：项

二级分支	三级分支	2001—2003年	2004—2006年	2007—2009年	2010—2012年	2013—2015年	2016—2018年	2019—2021年
1 制备工艺	1-1 衬底	854	803	566	905	761	835	805
	1-2 外延生长	1376	1439	1016	1651	1517	1627	1587
2 器件模组	2-1 光电子器件	2973	4165	2868	5066	4724	5540	4448
	2-2 电力电子器件	883	1653	1532	3387	4640	5998	6632
	2-3 射频器件	8	23	2	7	2	1	48
3 器件应用	3-1 太阳能电池	403	446	715	2185	1438	1561	1487
	3-2 半导体照明	305	576	744	1812	2136	1946	1567
	3-3 通信	2066	1844	1264	1983	2400	3440	4147
	3-4 液晶显示	770	1133	837	1176	1531	2971	4806

（2）三星

三星在液晶显示、通信等细分技术研发持续加强，下沉下游关键技术领域。

如表 3-10 所示，与松下发展模式有所不同的是，三星在制备工艺领域中衬底和外延生长两个分支近 20 年以来专利申请量自 2004—2006 年的峰值 43 项和 35 项逐渐下滑至近 3 年的不足 10 项，三星在制备工艺领域的投入逐渐减少。而在器件模组领域的研发重心由光电子转向电力电子器件，三星公司在光电子器件领域的申请量也从 2004—2006 年的峰值 232 项逐渐下滑至近 3 年的 35 项；相反，三星在电力电子器件领域的研发投入逐渐增加，从 2001—2003 年的 14 项逐年上升至近 3 年的 148 项。器件应用领域中，三星在各分支中研发均有所加强，其中，在液晶显示领域的投入最大，发展速度也非常快，尤其是近 3 年以来，专利申请量从 89 项迅速增长至近 3 年的 1051 项。此外，三星在通信、半导体照明、太阳能电池领域持续发力，近年来专利申请量稳步提升。

表 3-10　三星化合物半导体产业专利技术布局　　　　　　　　　单位：项

二级分支	三级分支	2001—2003 年	2004—2006 年	2007—2009 年	2010—2012 年	2013—2015 年	2016—2018 年	2019—2021 年
1 制备工艺	1-1 衬底	8	43	13	15	11	9	1
	1-2 外延生长	13	35	25	26	19	17	7
2 器件模组	2-1 光电子器件	65	232	129	106	64	60	35
	2-2 电力电子器件	14	40	30	107	124	97	148
	2-3 射频器件	6	2	2	1	0	1	0
3 器件应用	3-1 太阳能电池	3	8	8	9	16	14	19
	3-2 半导体照明	1	7	5	43	60	52	32
	3-3 通信	24	52	32	40	46	51	56
	3-4 液晶显示	23	97	74	89	193	325	1051

3.2.2　技术发展热点方向

1. 从技术生命周期来看

从技术生命周期来看，行业技术细分赛道分层，制备工艺技术步入成熟期，器件模组和器件应用乘风而起。

通过申请人数量、专利申请量与年份建立关系绘制技术生命周期图可以表示技术的发展阶段。技术生命周期与产品生命周期密切相关，准确判断技术生命周期，进而形成对产业发展周期和未来市场发展趋势的预测，是掌握市场先机的重要手段。

从图 3-8 所示的化合物半导体产业各二级分支的技术生命周期来看，制备工艺领域专利自 2001 年以来专利申请人数量和专利申请量维持在一个相对较为稳定的区间，制备工艺领域在产业上逐步从技术竞争向市场竞争的方向转换，如英飞凌开启了企业并购、博通开始剥离 GaAs 制造业务，将制造业务出售给中国国内的代工厂，化合物半导体的制造逐渐向头部的制造企业和代工厂集中，产业发展趋向成本导向的市场竞争，技术发展增速放缓。总体来看，制备工艺技术步入成熟期。

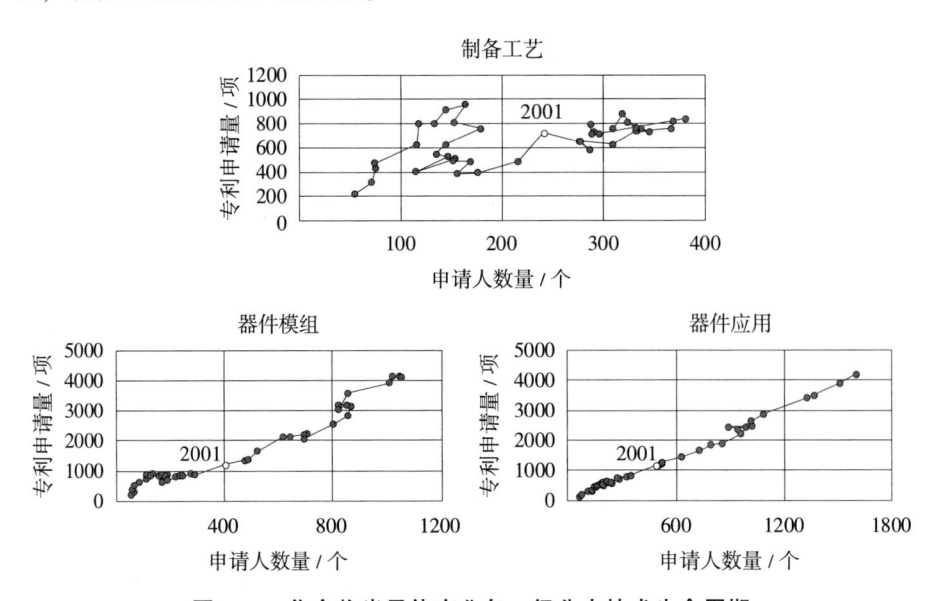

图 3-8 化合物半导体产业各二级分支技术生命周期

器件模组领域正处于快速发展期。自 21 世纪初 LED 和光纤先后问世，LED 和半导体激光器蓬勃发展，光电子器件迅速走入千家万户，随着云计算对数据传输的要求提高和 LED 替代加速渗透，光电子器件依旧有着非常好的发展前景。随着近年来新能源和数码产品的推广普及，电力电子器件被广泛应用于风力发电、新能源汽车、数码产品关键零部件等，相关领域加速发展。随着 4G 向 5G 切换，射频器件也面临着第二代半导体向第三代半导体转换的关键时期，各创新主体研发布局步伐加快，射频器件领域呈现蓬勃发展态势。

器件应用领域包括化合物半导体产业链下游太阳能电池、半导体照明、通信和液晶显示，四大领域近年来迅速发展起来。太阳能作为清洁能源，是新能源发展的重点方向之一，太阳能电池作为太阳能发电设备最核心的零部件，其重要性不言而喻。随着太阳能发电产业的蓬勃发展，太阳能电池领域蒸蒸日上。半导体照明被广泛用于汽车车灯、室内照明、户外照明等诸多领域，是目前首屈一指的照明设备。随着半导体照明成本下降、下游应用领域快速拓展，发展速度加快。通信设备作为21世纪信息化时代最重要的基础设施，随着互联网行业的高速发展，相关设备装备也不断创新迭代，尤其进入5G时代以来，各国加快抢占5G产业制高点，通信领域迅猛发展。液晶显示被广泛应用于智能手机、平板电视、电脑显示器、户外显示屏等，渗透人们生活的方方面面，相关领域快速发展。

2. 从重点专利分布来看

从重点专利分布来看，中游器件模组相对于上、下游表现出更大的提升空间。

在大量的专利文献中，可以通过有效的分析指标进行筛选，来获得在某一技术方向上的重点专利❶。通过关注这些重点专利文献，统计分析得到该技术方向上的基础核心技术的分布情况，能够为技术发展热点方向研判提供有益参考。图3-9展示了各三级分支领域的重点专利申请占比，由图可知，各三级分支中，除光电子器件（14.37%）、射频器件（15.19%）、太阳能电池（16.93%）三个领域之外，其余各领域重点专利占比均处于20%左右的较高水平，表明这些领域拥有更多的具备较高创新质量的专利成果，龙头企业逐渐筑起专利壁垒，相关领域的技术竞争较为激烈；而中游光电子器件、射频器件和下游太阳能电池领域内核心专利相对不足，关键环节技术有待进一步突破，当前仍具备较大的技术发展空间。

---

❶ 筛选同族专利多于5件、同族被引次数超过10次的专利作为重点专利，用于后续分析。

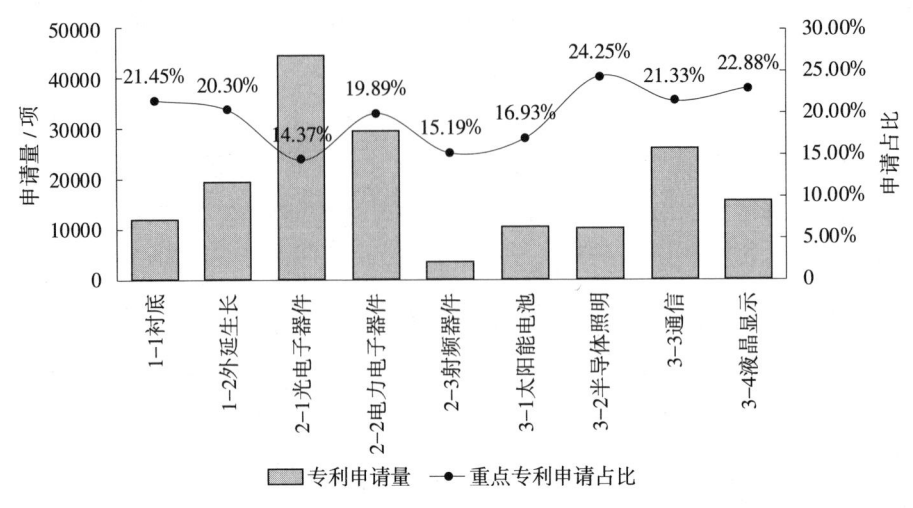

图 3-9 化合物半导体产业各三级分支重点专利分布

3. 从专利申请热度来看

从专利申请热度来看，迎合下游应用高需求，电力电子器件、射频器件、太阳能电池、半导体照明和液晶显示等为当前研发热点，GaN HEMT、GaN 射频器件增速亮眼。

从图 3-10 所示的全球各三级分支专利申请趋势上看，电力电子器件和射频器件是发展速度最快的两个三级分支，2019—2021 年的申请量分别为 5923 项和 741 项，近 3 年相比 2001—2003 年的申请量分别增长 4.2 倍和 5.1 倍。与此同时，衬底及外延生长两个分支虽然增长速度相对较慢，但是从各年份区间内申请量变化情况来看，仍然保持着相对平稳的变化趋势，始终保持在 500~900 项、1200~1700 项，可见在以衬底、外延生长为代表的化合物半导体上游领域，主要申请人仍然在通过持续的技术产出巩固自身的行业影响力。近 20 年来除制备工艺两个三级分支外，各分支申请量整体上均呈现上升趋势，其中太阳能电池、半导体照明和液晶显示等分支近 3 年的专利申请量均为 2001—2003 年的 2~3 倍，增长势头积极。综合而言，电力电子器件、射频器件、太阳能电池、半导体照明和液晶显示等技术方向为当前研发热点。

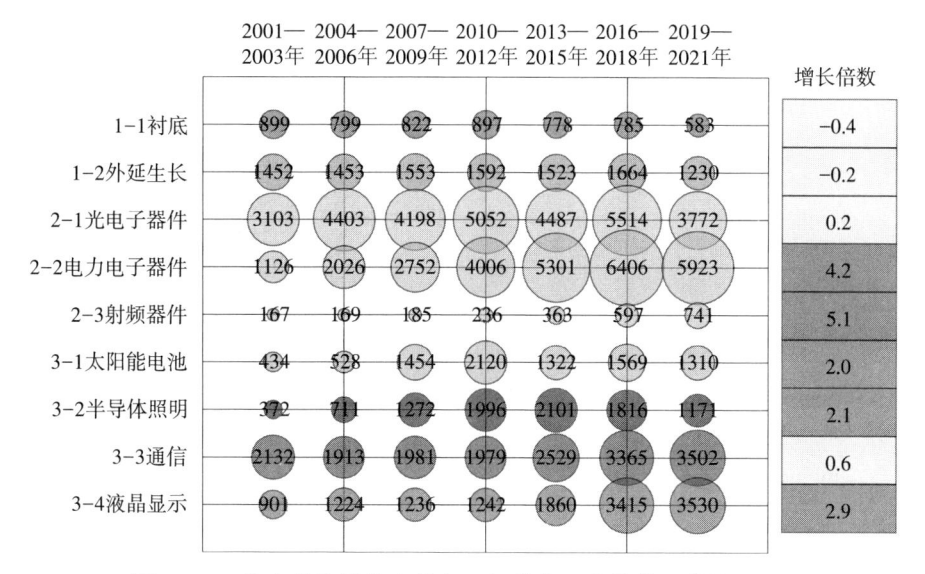

第 3 章　全球化合物半导体产业专利态势及发展方向

	2001—2003年	2004—2006年	2007—2009年	2010—2012年	2013—2015年	2016—2018年	2019—2021年	增长倍数
1-1 衬底	899	799	822	897	778	785	583	-0.4
1-2 外延生长	1452	1453	1553	1592	1523	1664	1230	-0.2
2-1 光电子器件	3103	4403	4198	5052	4487	5514	3772	0.2
2-2 电力电子器件	1126	2026	2752	4006	5301	6406	5923	4.2
2-3 射频器件	167	169	185	236	363	597	741	5.1
3-1 太阳能电池	434	528	1454	2120	1322	1569	1310	2.0
3-2 半导体照明	372	711	1272	1996	2101	1816	1171	2.1
3-3 通信	2132	1913	1981	1979	2529	3365	3502	0.6
3-4 液晶显示	901	1224	1236	1242	1860	3415	3530	2.9

图 3-10　化合物半导体产业各三级分支研发趋势（单位：项）

进一步地，从图 3-11 所示的各四级分支来看，光电子器件三级分支下的 LED 经历了一段时间的高速发展后于近 3 年增速放缓，激光器领域则经历了一段时间的小低谷之后迎来了新一波的增长，尤其是英特尔在 2016 年推出了 100G 硅光激光器，带领光通信进入 100G 时代，随着近年来云计算对数据传输和处理的要求提高，光通信激光器迎来了非常广阔的发展前景。同时，随着智能制造和 3D 打印等激光器下游应用的蓬勃发展，激光器领域未来发展前景同样可期。

电力电子器件分支下的 SiC 二极管、SiC 晶体管两个分支近年来也处于增长态势，近 3 年相比 2001—2003 年的专利申请量分别增长了 4.3 倍和 3.3 倍。GaN 作为近年来较为热门的化合物半导体材料，电力电子器件分支下的 GaN HEMT 和射频器件分支下的 GaN 射频器件两个四级分支都呈现出了较大的增幅，近 3 年相比 2001—2003 年的专利申请量分别增长了 6.9 倍和 6.8 倍。尤其是 GaN 射频器件，由于第二代半导体材料 GaAs 不能满足 5G 时代对高频高功率信号传输的性能要求，第三代半导体材料 GaN 的出现恰逢其时，GaN 射频器件已成为 5G 时代必不可少的射频器件，重要性可见一斑。

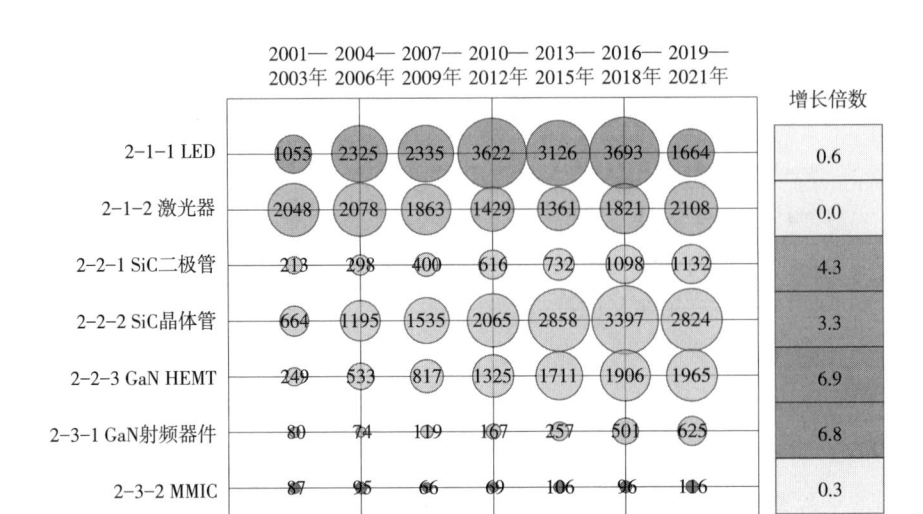

分支	2001—2003年	2004—2006年	2007—2009年	2010—2012年	2013—2015年	2016—2018年	2019—2021年	增长倍数
2-1-1 LED	1055	2325	2335	3622	3126	3693	1664	0.6
2-1-2 激光器	2048	2078	1863	1429	1361	1821	2108	0.0
2-2-1 SiC二极管	213	298	400	616	732	1098	1132	4.3
2-2-2 SiC晶体管	664	1195	1535	2065	2858	3397	2824	3.3
2-2-3 GaN HEMT	249	533	817	1325	1711	1906	1965	6.9
2-3-1 GaN射频器件	80	74	119	167	257	501	625	6.8
2-3-2 MMIC	87	95	66	69	106	96	116	0.3

图 3-11　化合物半导体产业各四级分支研发趋势（单位：项）

3.2.3　市场配置重点方向

1. 从 PCT 专利流向来看

从 PCT 专利流向来看，器件应用是国内外市场竞争重点，海外加快器件模组来华步伐。

PCT 是有关专利的国际条约，申请人可以通过 PCT 途径提交国际专利申请，只需递交一份国际发明专利申请，就可以向数个国家申请发明专利，不需要单独向每一个国家递交申请，为发明专利申请人向外国申请发明专利提供了便利。PCT 专利申请代表着行业内较高的技术创新价值、较强的全球技术影响力，因此通过 PCT 专利的国内外流向能够跟踪经济全球化之下的技术引进、输出以及跨国技术应用。

国外专利通过 PCT 途径"走进来"方面，1994 年之前，通过 PCT 途径进入国内的专利申请较少，各分支的比例波动较大，自 1994 年以来，通过 PCT 途径进入中国的专利申请一直以来均以器件应用领域的专利申请为主，占比稳定在 40%~60%，近两年制备工艺领域占比缩小至 5% 以下，来华布局速度趋缓。器件模组领域专利占比多年来基本稳定在 30%~40%，但近两年"走进来"的专利占比迅速提升至 50% 左右，国外创新主体越发密集地在华布局器件模组专利，表现出国外器件模组相关技术的引进和应用活跃程度正在逐步提升。

国内专利"走出去"方面，自 2005 年以来，国内便开始较为持续地申请 PCT 专利，2005—2012 年，制备工艺领域 PCT 专利占比基本维持在 10% 以上，自 2013 年开始逐步降低至 5% 左右，在技术难度较大、壁垒较高及技术垄断等多方面因素影响下，国内在制备工艺领域"走出去"方面仍存在一定阻碍。2012 年之后，器件应用超越器件模组，成为国内 PCT 专利申请最多的领域，2016 年以来，器件模组领域专利占比基本维持在 30%~40%，在此期间，器件应用领域专利申请热度持续提升，各大创新主体争相涌入并投入了较大的研发热情。结合国外在华布局情况来看，随着国外企业加快在器件模组领域的在华专利布局，国内器件模组市场竞争格局未来可能仍将面临变革，具体如图 3-12 所示。

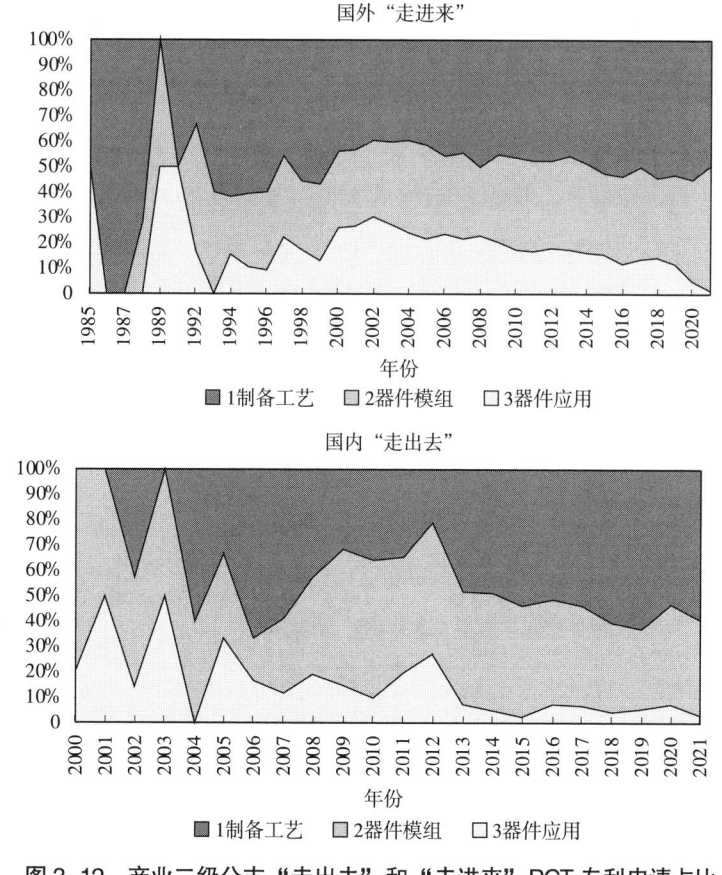

图 3-12 产业二级分支"走出去"和"走进来"PCT 专利申请占比

2. 从新进入者聚集来看

从新进入者聚集来看，资本更倾向于应用性强的产业链中下游，大量主体涌入电力电子器件、射频器件、半导体照明、通信、液晶显示竞争赛道。

产业发展全过程都伴随着创新主体的不断加入和退出，尤其是在产业发展的成长期，不断有新企业加入竞争中来，因此从产业新进入者的数量分布中，可以看出产业竞争的重点和热点方向。作为与5G发展密切相关的通信领域，近年来有1200余位申请人首次申请了该领域专利，新进入者总量位列所有三级分支中的第一位，是大量新进入者入局参与竞争的重点赛道之一。从近五年新进入者数量占比来看，液晶显示、电力电子器件、射频器件和半导体照明相关占比均不低于30%，结合近五年申请占比来看，液晶显示占比高达38%，电力电子器件、射频器件等分支占比基本均在30%左右，可见上述分支是近年来新进入者较为青睐的技术领域。同时，我们注意到，上游的衬底及外延生长两个分支新进入者较少，均不足300位，且近年来专利申请量也略低于其他三级分支，体现出制备工艺作为具有较高技术含量的技术领域，核心技术大部分掌握在海外头部企业手中，这些申请人通过专利壁垒长期独霸国际市场，在一定程度上阻碍了新进入者的入局，相关专利申请量近年来并没有大幅度提升，具体情况见表3-11。

表3-11 化合物半导体产业各三级分支新进入者和近五年专利申请情况

三级分支	申请人/位	新进入者/位	近五年新进入者占比/%	申请量/件	近五年申请量/件	近五年申请量占比/%
1-1 衬底	1376	158	11.5	11889	1093	9.2
1-2 外延生长	1845	278	15.1	19490	2366	12.1
2-1 光电子器件	4198	1001	23.8	44720	7578	16.9
2-2 电力电子器件	2175	738	33.9	27436	9574	34.9
2-3 射频器件	927	272	29.3	3621	1144	31.6
3-1 太阳能电池	2082	508	24.4	10373	2429	23.4
3-2 半导体照明	3217	1037	32.2	10219	2376	23.3

续表

三级分支	申请人/位	新进入者/位	近五年新进入者占比/%	申请量/件	近五年申请量/件	近五年申请量占比/%
3-3 通信	4842	1275	26.3	26249	5775	22.0
3-4 液晶显示	2170	882	40.6	15876	6035	38.0

3. 从专利价值转化来看

从专利价值转化来看，产业链中下游价值实现活跃，电力电子器件、射频器件、半导体照明和通信领域通过专利运用获取最佳收益。

专利运营是指专利权人对专利权的资本管理与运作，主要包括诉讼、许可、质押、转让等方式。专利运营的活跃程度从一个侧面反映了创新主体或技术方向的创新生命力，还能体现该创新主体的综合技术实力。

从表 3-12 所示的各三级分支的专利运用情况来看，上游的衬底领域专利转让表现相对活跃；中游的电力电子器件领域专利发生专利价值转化的频率相对较高，三个分支基本均在许可和质押方面具有较为活跃的表现；下游的半导体照明、通信领域专利运用表现均较为活跃，占比分别为 19.78%、16.49%，上述分支通过多种形式对专利进行运营并完成专利成果的转移转化。尤其是半导体照明领域内发生转让、无效及诉讼事件的频率均高于其他分支，值得重点关注。相比之下，液晶显示、太阳能电池、外延生长等在不同专利运营方式上的占比均较低，专利权人更加注重自主实施。

表 3-12 化合物半导体产业各三级分支专利运用情况

三级分支	转让	许可	质押	无效	诉讼	专利运用事件合计占比
1-1 衬底	14.53%	0.56%	0.83%	0.05%	0.08%	16.05%
1-2 外延生长	11.14%	0.45%	1.88%	0.03%	0.07%	13.57%
2-1 光电子器件	13.21%	0.76%	1.86%	0.06%	0.13%	16.02%
2-2 电力电子器件	12.90%	0.46%	4.68%	0.00%	0.04%	18.08%

续表

三级分支	转让	许可	质押	无效	诉讼	专利运用事件合计占比
2-3 射频器件	12.07%	0.72%	2.95%	0.00%	0.03%	15.77%
3-1 太阳能电池	12.50%	0.36%	0.31%	0.04%	0.03%	13.24%
3-2 半导体照明	16.79%	0.48%	2.11%	0.11%	0.29%	19.78%
3-3 通信	12.91%	0.46%	3.04%	0.01%	0.07%	16.49%
3-4 液晶显示	10.17%	0.26%	0.77%	0.04%	0.09%	11.33%

3.3 小结

1. 全球化合物半导体产业专利态势梳理

从产业发展历程来看，化合物半导体产业先后经历了两次大发展阶段。第一次是进入20世纪80年代，以SiC、GaN和金刚石等为代表的第三代半导体材料在新一代移动通信、新能源汽车、全球能源互联网、消费电子、新一代显示和高速轨道交通等领域展现出巨大优势。第二次是进入21世纪，化合物半导体产业发展已逐步进入快速发展期，与此同时，随着5G、IoT物联网、新能源等领域的高速发展，化合物半导体产业快速崛起，化合物半导体产业迎来黄金发展期。

从技术来源国来看，日本在20世纪80年代通过国家统筹组建技术共同体，其半导体产业快速崛起，一举超越美国成为半导体产业技术领先的国家，促使了半导体产业向日本转移，为其化合物半导体产业的领先奠定了坚实基础。我国在政策利好及市场需求等多因素驱动下，产业链上中下游焕发出巨大的生机和活力，专利申请量位居世界第二。美国作为半导体领域领先的大国，其专利申请量位居世界第三，中、美、日三个国家专利申请总量接近全球申请总量的85%，形成了化合物半导体产业发展的第一集团。

从产业专利流向来看，美国、日本、韩国这些发达国家有着更为明确的全球化专利布局，而中国申请人专利布局基本均集中于国内。美国作为专利申请大国，具有健全的法律保护环境，是各国争夺的重要目标市场，此外，中国化合物半导体市场机遇广阔，同时也是全球申请人的主要布局国家之一。

从主要创新主体来看，日本在化合物半导体产业领军企业最多，包括株式会社半导体能源研究所、松下、住友、东芝等，较为领先的领军企业还包括韩国三星、美国IBM、克里、应用材料公司以及中国台湾的台积电，这些企业同时还积累了较多核心技术人才。高校科研院所作为重要的前沿科技创新主体，以中国科学院半导体研究所、中国科学院微电子研究所、韩国电子通信研究院等为代表的科研院所以及以西安电子科技大学、电子科技大学、加利福尼亚大学等为代表的高校也为化合物半导体产业创新创造贡献了关键力量。随着中国化合物半导体产业的蓬勃发展，涌现了一批以重庆康佳光电技术研究院有限公司、西安智盛锐芯半导体科技有限公司、成都辰显光电有限公司、深圳市华星光电半导体显示技术有限公司等为代表的新兴势力企业，目前已涌现出程凯、刘召军等一批创新专业人才，以及来自各大科研机构的张金平、李泽宏、张进成、罗小蓉、殷华湘等一批优秀的科研骨干人才。

2. 全球化合物半导体产业发展方向研判

（1）产业结构调整方向

从全球申请来看，上游制备工艺稳定发展推动中下游器件模组及应用多元化增长。制备工艺作为决定化合物半导体器件特性的关键环节，专利申请量基本维持在2000项左右。器件模组、器件应用均连续保持增长态势，近3年专利申请量相比2001—2003年分别增长了2倍、1.6倍，呈现出较高的成长性。

从主要国家来看，日本在制备工艺方面拥有较高的话语权，多国加码发力器件模组、器件应用。中、日、美、韩、欧等主要国家/地区纷纷围绕化合物半导体上中下游产业链进行相关专利布局，日本在制备工艺领域的领先优势更为明显，其在该领域至今仍保持着相对较高的技术成果产出能力，中、韩等国在器件应用领域研发加速，而美、欧等国家/地区持续布局器件模组领域。

从跨国企业来看，国际大厂先行布局，或通过中游拉动全产业链提升，或积极下沉下游关键应用领域。行业龙头企业松下持续在上游制备工艺领域研发投入，并积极通过中游拉动全产业链布局，而三星发展重心则转向中下游领域。在器件模组领域，两家公司重点发展光电子器件和电力电子器件，而松下已经打破了多年的沉寂，在 5G 全面商用的阶段在射频器件领域提前入局。

（2）技术发展热点方向

从技术生命周期来看，行业技术细分赛道分层，制备工艺技术步入成熟期，器件模组和器件应用乘风而起。制备工艺领域在产业上逐步从技术竞争向市场竞争的方向转换，资源呈现向头部企业聚集趋势。器件模组领域各分支加速渗透和产品迭代，器件应用领域受产品需求大幅增长拉动，相关产业发展蓬勃向上。

从重点专利分布来看，中游器件模组相对于上、下游表现出更大的提升空间。上下游领域拥有更多的具备较高创新质量的专利成果，龙头企业逐渐筑起专利壁垒，发展空间相对受限。而中游光电子器件、射频器件和下游太阳能电池领域核心专利相对不足，关键环节技术有待进一步突破，表现出较大的技术发展空间。

从专利申请热度来看，迎合下游应用高需求，电力电子器件、射频器件、太阳能电池、半导体照明和液晶显示等为当前研发热点，GaN HEMT、GaN 射频器件增速亮眼。在以衬底、外延生长为代表的化合物半导体上游领域，主要申请人仍然在通过持续的技术产出巩固自身的行业影响力。另外，电力电子器件、射频器件、太阳能电池、半导体照明和液晶显示五个分支的近 3 年专利申请量比 2001—2003 年增长 2 倍以上，是当前研发的热点方向，GaN HEMT、GaN 射频器件分支近 3 年相比 2001—2003 年的专利申请量增长近 7 倍，值得引起关注。

（3）市场配置重点方向

从 PCT 专利流向来看，器件应用是国内外市场竞争重点，海外加快器件模组来华步伐。器件应用领域国内"走出去"专利和国外"走进来"专利占比均较高，是国内外市场竞争重点，但近两年"走进来"的专利占比迅速从 30%~40%提升至 50%左右，可以看出国外创新主体来华布局器件模组专利步伐有所加快。

从新进入者聚集来看，资本更倾向于应用性强的产业链中下游，大量主体涌入电力电子器件、射频器件、半导体照明、通信、液晶显示竞争赛道。制备工艺领域，核心技术大部分被掌握在海外头部企业手中，这些申请人通过专利壁垒在一定程度上阻碍了新进入者的入局。作为与5G发展密切相关的通信领域，近年来约有1200余位申请人首次申请了该领域专利，是新进入者数量最高的三级分支。从近五年新进入者数量占比来看，液晶显示、电力电子器件、射频器件和半导体照明相关占比均不低于30%，同样是市场主体较为青睐的技术领域。

从专利价值转化来看，产业链中下游价值实现活跃，电力电子器件、射频器件、半导体照明和通信领域通过专利运用获取最佳收益。中游的电力电子器件领域专利发生专利价值转化的频率相对较高；下游的半导体照明、通信领域专利运用表现均较为活跃，尤其是半导体照明领域内发生转让、无效及诉讼事件的频率均高于其他分支，上述领域的专利权人积极通过多种形式对专利进行运营并完成专利成果的转移转化，值得重点关注。

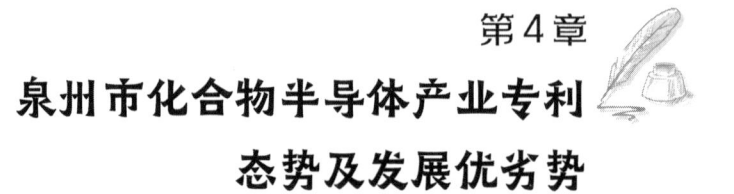

第4章
泉州市化合物半导体产业专利态势及发展优劣势

本章主要以专利数据为依据，以近景模式聚焦泉州市化合物半导体产业在全球和我国产业链的基本定位，从不同角度揭示区域产业发展中存在的产业结构、企业培育、人才储备、协同运用等资源方面的问题。

4.1 泉州市化合物半导体产业专利态势

4.1.1 泉州专利申请态势

1）泉州市化合物半导体产业发展步伐加快，2016年迎来"小高峰"。

泉州市化合物半导体产业历经多年发展，正逐步实现化合物半导体产业从无到有、由弱至强的发展蜕变。截至检索日，累计检索到泉州市化合物半导体产业相关专利328项，结合专利数据来看，泉州市化合物半导体产业发展大致可分为两个时期，包括2007—2015年的萌芽期和自2016年以来的高速发展期。

2007—2015年，以泉州博泰半导体为代表的器件模组领域企业和以福建钧石能源为代表的器件应用领域企业快速成长。2016年前后，LED行业迎来了大变革，行业呈现出上游芯片企业延伸半导体集成电路、中游封装拓展细分市场、下游照明领域切换赛道的发展模式。福建的晶安光电凭借多年的技术积累取得跨越式发展，2016年围绕LED灯、LED电子屏幕、蓝宝石衬底等技术主题申请专利62项，并获得了国家高新技术企业认定。同年，福建晶安光电助力其母公司三安光电实现了21.67亿元净利润。在当地政府的大力扶持和三安光电等创新主体的强有力推动下，泉州市化合物半导体产业自2016年起驶入发展快车道。2017年泉州芯谷获批，同年成立泉州三安半导体科技有限公司，三安高端半导体项目开工建设，并于2018年建成投产。随着泉州芯谷大量项目建成投产，泉州市化合物半导体产业基础逐步完善。2017—2021年，福建中科光芯、泉州臻美、晋江三伍微电子等新进企业齐聚泉州，进一步推动泉州市化合物半导体产业的发展。

经过多年的发展，泉州市化合物半导体产业已形成较好的发展基础。从各二级分支技术构成来看，器件模组专利申请量占49.13%，是占比最高的技术分支，器件应用专利申请量占比34.88%，而制备工艺领域专利申请量占比15.99%，泉州市化合物半导体产业的二级分支技术构成占比与全国相近，具体如图4-1所示。

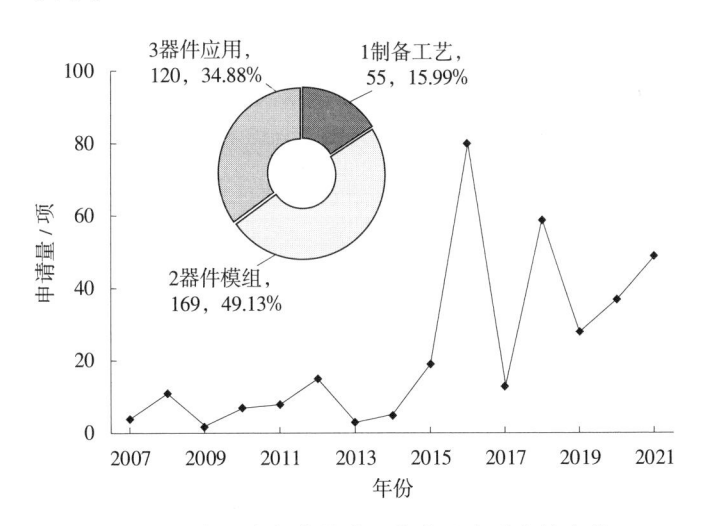

图4-1 泉州市化合物半导体产业专利申请态势

2）中上游已有一定技术储备，部分细分技术领域表现出发展优势与潜力。

如图4-2所示，按专利法律状态进行统计，泉州市化合物半导体产业有效专利 154 项、在审专利 63 项、失效专利 111 项，失效专利约占申请总量的 1/3。制备工艺、器件模组和器件应用三个二级分支有效专利占比分别为 17.90%、53.09% 和 29.01%，与专利申请总体技术构成相比，上游制备工艺领域、中游器件模组领域有效专利占比略高于总体水平，在一定程度上能够反映出泉州在中上游具备相对更为深厚的技术积累。

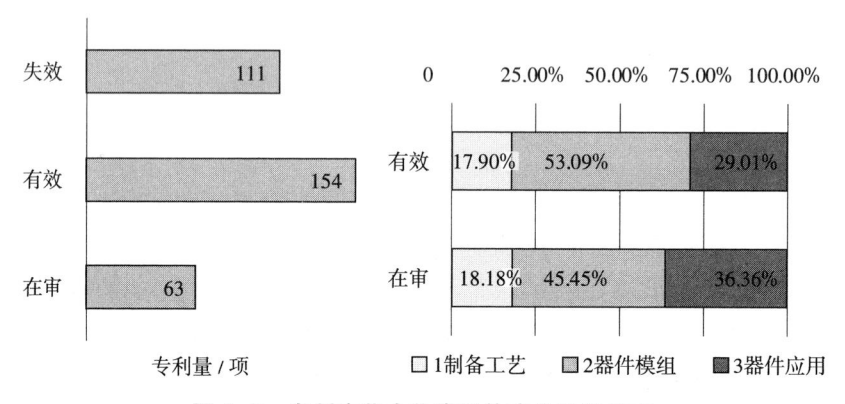

图 4-2　泉州市化合物半导体产业法律状态

进一步聚焦各三级分支，泉州市在光电子器件领域专利申请中表现不俗，引入三安光电对泉州在该领域的实力提升起到了关键性作用，由图 4-3 可见，光电子器件领域在专利申请量、授权量和有效专利数量及占比等多维度指标方面均位列各分支前列。同时，依托晶安光电、泉州三安和海佳等本地创新主体在衬底、液晶显示领域多年的技术积累，泉州市在上述两个领域专利申请中表现较为出色，申请量、授权率、有效专利量均相对可观。此外，泉州在外延生长、电力电子器件、通信等细分技术领域内虽然当前专利授权率较低，但近五年申请的专利数量较多，聚集了相对更多的新进入创新主体，且授权专利绝大部分仍维持在有效状态，可见泉州本地主体对于上述领域专利的重视程度较高，泉州市未来在外延生长、电力电子器件、通信等领域仍拥有较大的发展潜力。

第4章 泉州市化合物半导体产业专利态势及发展优劣势

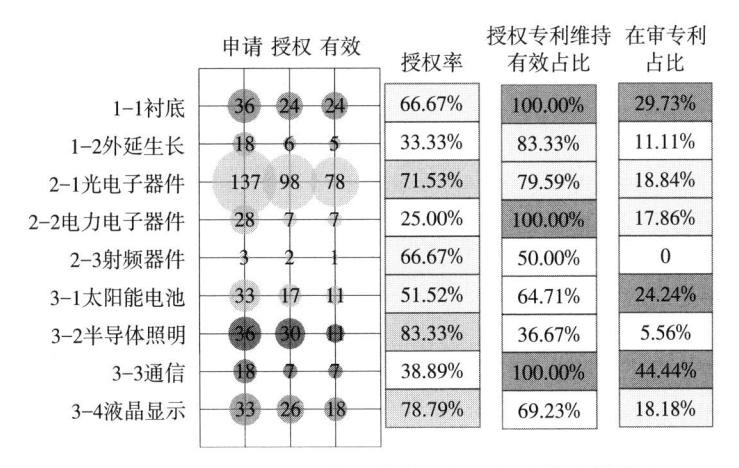

	申请	授权	有效	授权率	授权专利维持有效占比	在审专利占比
1-1衬底	36	24	24	66.67%	100.00%	29.73%
1-2外延生长	18	6	5	33.33%	83.33%	11.11%
2-1光电子器件	137	98	78	71.53%	79.59%	18.84%
2-2电力电子器件	28	7	7	25.00%	100.00%	17.86%
2-3射频器件	3	2	1	66.67%	50.00%	0
3-1太阳能电池	33	17	11	51.52%	64.71%	24.24%
3-2半导体照明	36	30	11	83.33%	36.67%	5.56%
3-3通信	18	7	7	38.89%	100.00%	44.44%
3-4液晶显示	33	26	18	78.79%	69.23%	18.18%

图4-3 泉州市化合物半导体产业各三级分支法律状态

4.1.2 地域分析

1. 国内区域分布格局

国内产业呈集群化发展，福建依托多重优势已是国内产业重要发展极之一。

目前，国内化合物半导体产业已初步形成了以京津冀、长三角、珠三角、闽三角、中西部为主的几大重点发展区域。其中，北京、上海两地先后成立计算技术研究所、国营光电工厂、无线电工厂等，形成了最早的一南一北两个半导体产业基地。20世纪80年代西安被确定为半导体产业发展"南北两个基地和一个点"发展战略中的"一个点"，也成为中西部重要的半导体产业基地。广东则是凭借改革开放初期承接海外的微电子加工制造逐渐建立起半导体产业集群。近年来，福建省在省内加速布局化合物半导体产业，已建立起闽三角半导体产业集群，并力争在福建省内打造半导体产业一小时供应链。结合专利数据来看，截至检索日，全国化合物半导体产业共检索到35936项专利，上述产业集群悉数上榜，涉及省市均是国内化合物半导体产业专利的主要来源地。

如图4-4所示，从国内主要省市具体技术布局来看，北京、上海、陕西受益于早期半导体制造领域的技术积累,在化合物半导体产业上游的制备工艺领域已经具有一定的产业发展基础,技术水平处于相对领先地位;福建、陕西、山东等地在化合物半导体器件模组领域的专利申请占比均高达60%以上,可见上述省份产业发展重心更为侧重器件模组领域;于下游器件应用领域而言,广东以50.61%的高申请量占比领先于其他省份,四川、安徽、北京、江苏等地紧随其后,均在下游器件应用领域积累了较为丰富的技术成果。

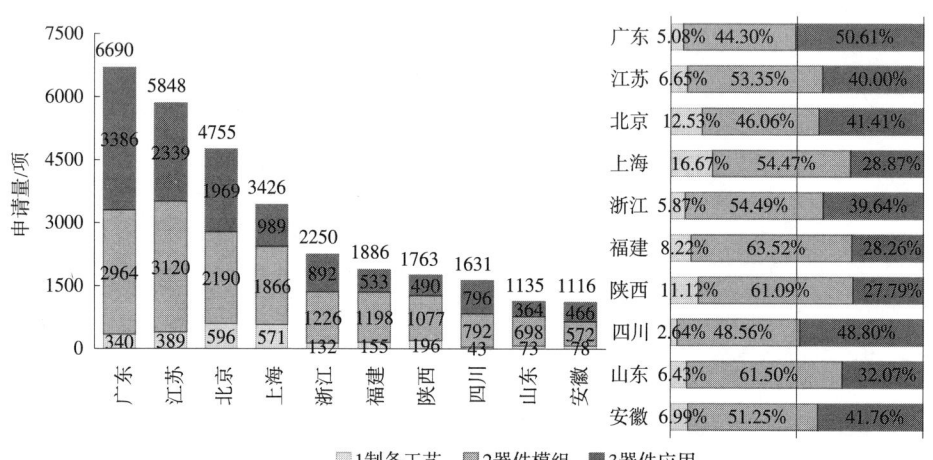

图 4-4　全国化合物半导体产业主要省市排名

值得一提的是,台湾地区以半导体代工业务闻名于世界,福建与其隔海相望,有着亲密的地缘关系,目前在第三代半导体产业的合作交流广泛。福建具有市场、制造、资金等方面的优势,而台湾则具有人才、管理、技术等优势,两岸合作势必形成良好的产业互补。可以看出,福建省发展化合物半导体产业具备多重优势,近年来已成为国内化合物半导体产业重要的增长极之一。截至检索日,福建省化合物半导体产业专利共计1886项,厦门、泉州和福州三座闽三角中心城市是福建相关专利产出的主要贡献者。

2. 福建区域分布格局

1) 闽三角中心城市厦门、泉州、福州在发展中各具优势,融合发展。

如图4-5所示,从专利申请总量来看,身处闽三角腹地的厦门,产业基础扎实且发展迅速，不仅拥有国内 LED 芯片的龙头企业三安光电（总部坐落于厦门），还拥有乾照光电、厦门大学、天马微电子等领域内知名的企业和国内高水平高校，为区域内化合物半导体产业发展贡献了强大动能，在此基础上，厦门以 1166 项专利申请量遥遥领先于省内其他城市；泉州以 328 项专利申请量迎头赶上，目前，已聚集了泉州三安、晶安光电、福建中科光芯、福建钧石能源、华侨大学等众多优质主体，随着泉州芯谷的投资建设和企业入驻，泉州市化合物半导体产业的发展前景广阔；福州以 189 项专利申请量位列第三，福州大学、中科院福建物质结构研究所及中国福建光电信息科学与技术创新实验室等科研主体纷纷聚集于福州，科研力量在其产业发展中发挥着重要作用。

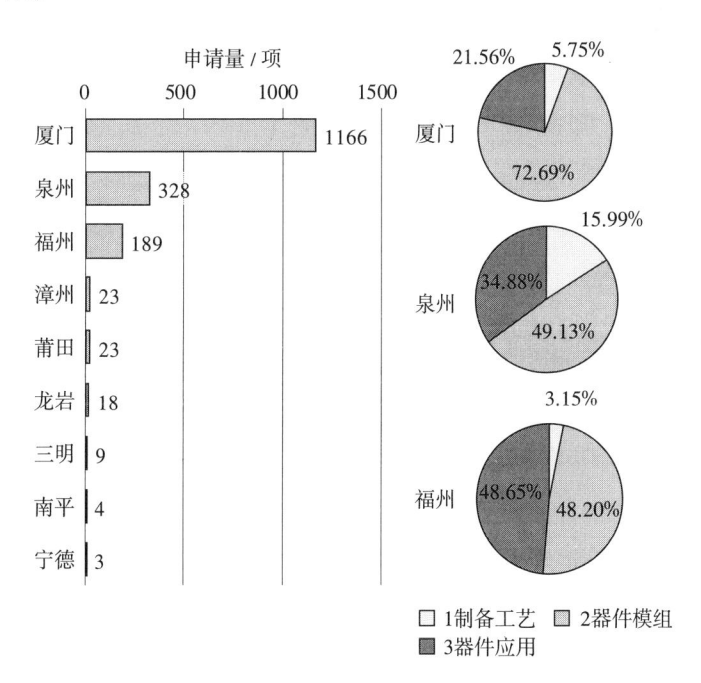

图 4-5 福建省内化合物半导体产业区域分布

从技术构成来看，厦门市主攻器件模组领域，相关领域专利申请量占比达 72.69%；泉州市制备工艺领域相比厦门、福州实力较强，上中下游发展相对均衡；福州市则更加侧重器件应用领域发展，相关专利占比接近 50%，远高于全省平均水平。

2）福建省化合物半导体产业展现出较为浓厚的产学研协同底色。

厦门大学是我国最早成立的设立半导体学科的高校之一，拥有国家集成电路产教融合创新平台，同时，2018 年教育部正式批复同意将厦门大学微电子学院列入国家示范性微电子学院筹建单位。此外，厦门大学与三安光电共建了第三代半导体产教融合分平台，开展战略性、前瞻性、基础性、综合性科技创新及人才培养合作。泉州半导体高新区积极推进科研平台建设，与福州大学、中科院海西研究院泉州装备制造研究所、中科生物、泉州师范大学、泉州信息工程学院、闽南科技学院等区域内外联合成立各类科研平台、实验室或研究中心，致力于解决产业关键性、共性技术难题并有力促进校企融合发展。福州拥有福州大学和中科院福建物质结构研究所两家高校或科研机构，福建物质结构研究所投资成立福建中科光芯，总部设在泉州，在福州设立了分支机构。福州大学则与泉州市共建福州大学-晋江微电子研究院，有力加快科技成果转移转化和技术产业化进程。如图 4-6 所示，从专利数据出发，可以看到福州、厦门、泉州作为福建省内具有较好产学研协同基础的城市，其联合申请专利产出量同样居于省内前列，在产业及专利层面均展现出较为浓厚的产学研协同底色。

图 4-6 福建主要城市联合申请专利量分布

3. 泉州区域分布格局

鲤城区发展起步较早，安溪县、南安市和晋江市受益于泉州芯谷有序推进、接棒领跑。

如图 4-7 所示，按行政区划来看，得益于泉州芯谷持续推进产业发展进程等因素，安溪县、南安市和晋江市相关专利申请量均位列泉州相关区域前列。其中，安溪县拥有晶安光电、南安市拥有泉州三安、晋江市拥有泉州臻美、三伍微电子和晋华集成电路等本地优质企业，是未来泉州市化合物半导体产业发展的重要力量。结合专利数据来看，鲤城区创新主体为泉州市化合物半导体产业萌芽期的产业发展贡献了积极力量，福建钧石能源（含泉州市金太阳电子、福建金石能源）、泉州博泰半导体等企业为泉州市化合物半导体产业早期发展奠定了一定基础。随着近年来泉州芯谷的高速建设发展，产业发展重心由鲤城区向泉州芯谷倾斜，近年来鲤城区产业发展趋缓。另外，惠安县依托惠东工业园区和城南工业园区建立起半导体产业园，福建中科光芯落户石狮市，丰泽区集中了华侨大学、泉州师范学院等高校，上述三地位列泉州市化合物半导体产业第二梯队。

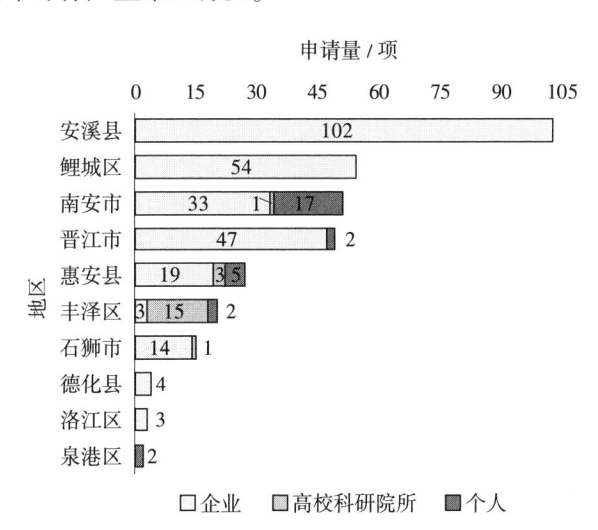

图 4-7 泉州市化合物半导体产业区域分布

4.1.3 泉州创新主体分析

泉州市化合物半导体产业化程度较高，龙头企业引领构筑区域产业生态。

如图4-8所示，泉州市化合物半导体领域创新主体以企业为主，企业主体占据了前10名中的9个位次，三安光电旗下泉州三安和晶安光电、三安光电与中科院合资成立的福建中科光芯、主营太阳能电池产品的福建钧石能源等均具备较强的技术实力，在化合物半导体部分细分技术领域已有一定的专利成果产出及技术储备。科研主体方面，泉州市区域内高校数量较少，华侨大学作为泉州市化合物半导体领域专利产出较多的高校具备一定的研发实力，截至检索日，其相关专利申请量约为10项，研发方向主要涉及中游器件模组领域。

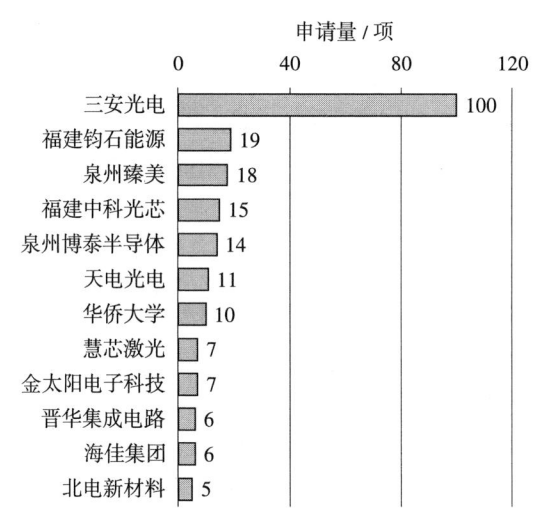

申请人	申请量/项
三安光电	100
福建钧石能源	19
泉州臻美	18
福建中科光芯	15
泉州博泰半导体	14
天电光电	11
华侨大学	10
慧芯激光	7
金太阳电子科技	7
晋华集成电路	6
海佳集团	6
北电新材料	5

图4-8 泉州市化合物半导体产业重点申请人

三安光电在泉州共设有泉州三安半导体科技有限公司（即前述泉州三安）和福建晶安光电有限公司（即前述晶安光电）两家分公司，截至检索日，上述两家公司专利申请总量共计100项。泉州三安半导体科技有限公司成立于2017年12月22日，注册资本20亿元，是三安光电股份有限公司（即前述三安光电）旗下的全资子公司，在泉州芯谷南安分园区投资建设三安高端半导体项目，公司项目建成后将形成GaN、GaAs、集成电路、特种封装业务四大板块，实现在半导体化合物高端领域的全产业链布局，实现高端氮化镓 LED 芯片、高端砷化镓 LED 芯片、大功率氮化镓激光器、光通信器件、射频滤波器、功率半导体（电力电子）、小间距 LED 封装产品等全产业链产品生产，泉州三安的高新技术及生产规模迈入国际先进行列。

福建晶安光电有限公司成立于 2011 年 10 月，注册资本 5 亿元，坐落于泉州半导体产业高新技术产业园安溪分园区，总体规划用地 600 余亩（1 亩 = 666.67m^2）。晶安光电拥有一支由行业高端人才组成的研发和管理团队，引进了具有国际先进水平的工艺生产设备，专注于照明产品及半导体电子材料的研发、生产和销售。晶安光电以 4 英寸、6 英寸蓝宝石平片衬底和 DPSS 图形衬底的生产销售为主导，同时具备屏幕片、视窗片及光学片等各种规格和用途蓝宝石产品的生产能力。晶安光电同时是国内领先的高品质钽酸锂、铌酸锂等晶体材料的规模化供应商。

福建钧石能源有限公司（以下简称福建钧石能源）是在泉州金太阳电子科技有限公司基础上成立的一家外商独资企业，关联公司还包括福建金石能源有限公司，注册资本为 9800 万美元，专业从事太阳能电池及其应用产品以及生产设备的设计开发、制造和销售。福建钧石能源在泉州、北京、天津分别设有占地 420 亩的太阳能电池生产基地、太阳能电池研发中心以及太阳能电池设备研发中心和工程中心，现有员工 1000 多人，高管团队均为国内外知名太阳能电池技术和管理专家，公司与太阳能薄膜电池领域国际权威的南开大学光电子研究所紧密合作，拥有多项薄膜电池领域技术专利，技术开发能力位居同行业领先水平。

福建中科光芯光电科技有限公司（即前述中科光芯）成立于 2011 年，坐落于泉州市石狮市，由中科院福建物质结构研究所课题组组长、博士生导师苏辉博士创立。在苏辉博士的带领下，福建中科光芯突破外延结构设计原理上的关键难点，拥有完整的外延生长、芯片微纳加工及器件封装产业线，现有产品包括外延片、芯片、TO 器件、蝶形器件、PON 器件等，是一家真正拥有独立自主知识产权的、能够独立设计并量产光芯片和器件的高新技术企业。

4.2 泉州市化合物半导体产业发展优势与劣势

产业结构是产业发展在宏观层面的反映，合理的产业结构对产业发展具有重要的作用。基于专利数据，本节将由专利申请量及申请人数量出发，通过与全球主要国家/地区、对标城市的对比分析泉州产业发展中存在的产业结构方面的优势和差距。

4.2.1 与主要国家/地区相比

国内化合物半导体产业创新主体在器件模组领域持续布局专利，相关申请量占比高达50%以上，高于全球及日、美、韩总体水平。泉州积极融入国内化合物半导体发展浪潮，各二级技术分支的申请量占比与国内相似，泉州在器件模组领域的申请量占比约为49.27%，略低于国内的51.65%及福建的63.83%。从全球范围来看，日、美、韩等主要发达国家/地区大多在器件应用及制备工艺领域占据相对优势，韩国器件应用占比一度接近50%，日本制备工艺相关占比高达25%以上。相比而言，泉州在器件应用领域的申请量占比仅为35.19%、制备工艺占比为15.54%，仍有进一步提升空间。主要国家/地区各二级分支申请量占比如图4-9所示。

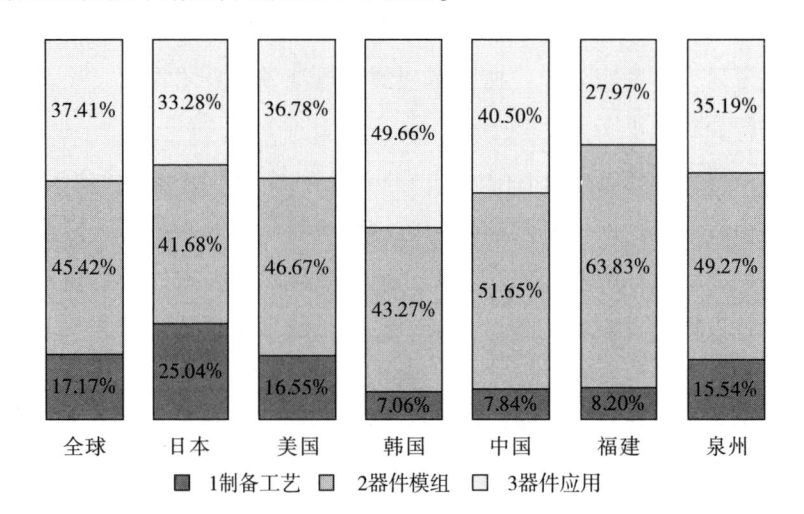

区域	1制备工艺	2器件模组	3器件应用
全球	17.17%	45.42%	37.41%
日本	25.04%	41.68%	33.28%
美国	16.55%	46.67%	36.78%
韩国	7.06%	43.27%	49.66%
中国	7.84%	51.65%	40.50%
福建	8.20%	63.83%	27.97%
泉州	15.54%	49.27%	35.19%

图4-9 主要国家/地区各二级分支申请量占比

如表 4-1 所示，具体到三级分支，与各主要国家/地区相比，泉州在衬底、光电子器件、太阳能电池及半导体照明领域表现出较强的竞争优势，上述领域申请量占比分别为 10.53%、40.06%、9.65%、10.53%，均处于前列水平。而在电力电子器件、射频器件、通信等细分技术领域占比相对落后，且低于福建省内总体水平。

表 4-1 主要国家/地区各三级分支申请量占比

三级分支	全球	日本	美国	韩国	中国	福建	泉州
1-1 衬底	7.00%	11.85%	4.46%	2.73%	1.60%	2.92%	10.53%
1-2 外延生长	11.48%	15.43%	12.71%	4.61%	6.45%	5.30%	5.26%
2-1 光电子器件	26.33%	27.20%	17.33%	31.47%	31.10%	52.60%	40.06%
2-2 电力电子器件	16.15%	11.67%	25.08%	10.70%	18.16%	9.44%	8.19%
2-3 射频器件	2.11%	1.37%	3.94%	0.87%	2.16%	1.48%	0.88%
3-1 太阳能电池	6.11%	5.85%	2.68%	3.23%	10.26%	6.73%	9.65%
3-2 半导体照明	6.02%	4.29%	5.89%	8.05%	7.26%	5.57%	10.53%
3-3 通信	15.46%	13.00%	23.03%	7.65%	13.52%	5.62%	5.26%
3-4 液晶显示	9.35%	9.33%	4.87%	30.71%	9.49%	10.34%	9.65%

如图 4-10 所示，结合全球主要国家/地区在具体产业环节上的专利申请人数量配置情况来看，泉州在化合物半导体产业领域内的申请人数量分布与申请量分布差异较大，在制备工艺、器件模组、器件应用三个二级分支的申请人数量占比分别为 14.00%、28.00%、58.00%。从中可以发现，泉州市 58.00%的申请人仅产出了 35.19%的专利量，领域内申请人创新活跃度亟待激发。另外，泉州在制备工艺领域的申请人数量占据较为明显的优势，在器件模组领域的申请人数量稍显不足。

图中数据（主要国家/地区各二级分支申请人数量占比）：

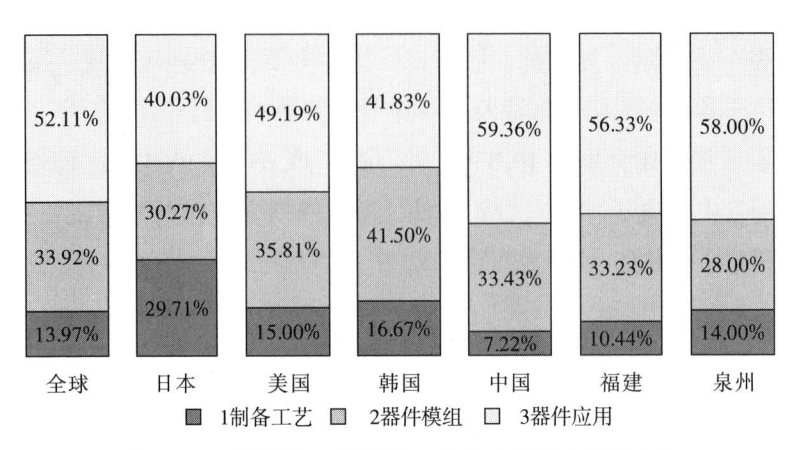

地区	1制备工艺	2器件模组	3器件应用
全球	13.97%	33.92%	52.11%
日本	29.71%	30.27%	40.03%
美国	15.00%	35.81%	49.19%
韩国	16.67%	41.50%	41.83%
中国	7.22%	33.43%	59.36%
福建	10.44%	33.23%	56.33%
泉州	14.00%	28.00%	58.00%

图 4-10 主要国家/地区各二级分支申请人数量占比

具体地，如表 4-2 所示，将泉州各三级分支申请人数量与主要国家/地区相比较，可以看到，泉州在半导体照明、光电子器件、液晶显示、外延生长等细分技术领域的申请人数量占比处于靠前水平；与国内总体水平相比，泉州在电力电子器件、射频器件、太阳能电池、通信等细分技术领域占比低于国内平均占比，相关创新主体聚集程度仍有上升空间。

表 4-2 主要国家/地区各三级分支申请人数量占比

三级分支	全球	日本	美国	韩国	中国	福建	泉州
1-1 衬底	6.67%	15.72%	6.69%	7.20%	2.40%	3.90%	5.61%
1-2 外延生长	8.64%	15.29%	9.47%	9.91%	5.32%	6.69%	10.28%
2-1 光电子器件	19.69%	16.09%	19.26%	27.94%	20.57%	22.84%	19.63%
2-2 电力电子器件	9.83%	9.51%	11.19%	8.60%	9.50%	6.96%	6.54%
2-3 射频器件	3.70%	2.32%	5.06%	3.55%	3.21%	2.51%	1.87%
3-1 太阳能电池	8.70%	8.86%	4.90%	5.42%	12.61%	8.08%	7.48%
3-2 半导体照明	13.12%	7.53%	10.22%	13.83%	17.07%	21.73%	22.43%
3-3 通信	20.68%	14.62%	25.61%	13.64%	18.56%	11.42%	7.48%
3-4 液晶显示	8.97%	10.05%	7.59%	9.91%	10.77%	15.88%	18.69%

在对标城市遴选方面，从福建省内选择了化合物半导体产业具有较强实力的厦门以及长三角、珠三角和中西部传统半导体产业集群中与泉州市实力

相对较为接近的宁波、东莞和长沙作为对标的对象，宁波、东莞和长沙均在投资建设化合物半导体产业园，大力发展化合物半导体产业。

如表4-3所示，从泉州与国内对标城市各技术环节申请量比例分布中可以看出，泉州在衬底、外延生长、液晶显示、光电子器件等领域内占据优势；在电力电子器件、射频器件、通信等细分技术领域的占比稍显落后。

表4-3 各对标城市三级分支申请量占比

三级分支	泉州	对标城市			
		厦门	东莞	宁波	长沙
1-1 衬底	10.53%	0.91%	4.38%	1.91%	2.48%
1-2 外延生长	5.26%	4.78%	5.67%	4.58%	3.73%
2-1 光电子器件	40.06%	59.60%	30.31%	35.88%	20.50%
2-2 电力电子器件	8.19%	11.26%	9.24%	11.07%	15.53%
2-3 射频器件	0.88%	1.94%	0.97%	1.91%	4.35%
3-1 太阳能电池	9.65%	6.32%	1.46%	12.98%	16.77%
3-2 半导体照明	10.53%	3.56%	31.12%	15.65%	6.21%
3-3 通信	5.26%	4.21%	6.81%	11.45%	21.12%
3-4 液晶显示	9.65%	7.37%	10.05%	4.58%	9.32%

如表4-4所示，从各技术环节申请人数量分布来看，泉州在衬底、外延生长、液晶显示等领域内申请人数量占比在国内对标城市中属于相对领先水平，这些技术分支同时也是申请量的优势领域；电力电子器件、射频器件、通信等领域的申请人数量占比略低于其他优势省份，在这些细分技术领域上泉州申请量及申请人数量方面均不占优，说明泉州在上述分支创新实力较弱且存在创新主体缺失现象。

表4-4 各对标城市三级分支申请人数量占比

三级分支	泉州	对标城市			
		厦门	东莞	宁波	长沙
1-1 衬底	5.61%	3.40%	2.93%	2.63%	4.05%
1-2 外延生长	10.28%	6.80%	5.02%	5.26%	5.41%

续表

三级分支	泉州	对标城市			
		厦门	东莞	宁波	长沙
2-1 光电子器件	19.63%	23.81%	25.52%	21.05%	14.86%
2-2 电力电子器件	6.54%	8.16%	8.37%	10.53%	9.46%
2-3 射频器件	1.87%	4.76%	2.09%	1.75%	5.41%
3-1 太阳能电池	7.48%	6.12%	2.93%	14.91%	13.51%
3-2 半导体照明	22.43%	21.77%	29.71%	21.93%	12.16%
3-3 通信	7.48%	11.56%	10.88%	14.04%	27.03%
3-4 液晶显示	18.69%	13.61%	12.55%	7.89%	8.11%

将上述结论与主要国家/地区及对标城市对比结论进行综合分析可见，泉州市化合物半导体产业优势技术环节主要集中在衬底、外延生长、光电子器件等细分技术领域，在电力电子器件、射频器件、通信等细分技术领域内尚有劣势。

4.2.2 企业实力优势与劣势

企业实力是企业在技术和各种实践活动领域中不断提供具有经济价值、社会价值、生态价值的新思想、新理论、新方法和新发明的实力。本节将通过对比分析对标城市及泉州的创新主体，进一步了解泉州市化合物半导体产业发展情况，旨在掌握泉州创新主体发展已有优势及差距所在。

图 4-11 展示了泉州及 4 个对标城市（厦门、东莞、宁波、长沙）的专利申请情况。经统计，泉州本地企业申请化合物半导体相关专利占申请总量的比重约为 85.06%，与对标城市相比处于中等水平。值得关注的是，同样位于福建省，厦门的化合物半导体产业发展水平领先，截至检索日，厦门企业相关专利申请量占厦门申请总量的 88.86%，不论是在区域内企业申请量还是企业申请量占比上均高于其他对标城市，其企业主体表现出了较强的技术创新支撑能力。相比而言，泉州未来仍需促进化合物半导体相关企业的专利成果产出，进一步激活企业创新活力。

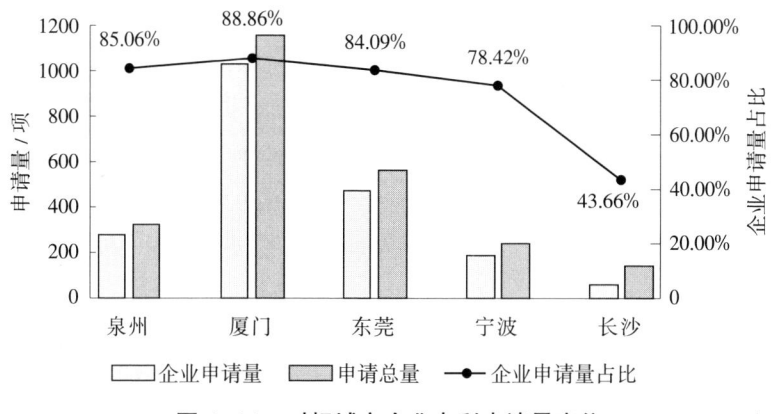

图 4-11 对标城市企业专利申请量定位

如图 4-12 所示，东莞、厦门等对标城市不仅化合物半导体相关专利申请量领先，而且聚集的领域内企业数量较多，企业数量占比均在 80% 以上；而泉州的企业数量占比仅为 69.62%，与对标城市相比处于较低水平。相比较于专利申请量相对较少的宁波、长沙，泉州虽然在化合物半导体专利申请总量上占据一定优势，但企业数量仅高于长沙，且企业数量占比略低于上述城市。由上述分析可见，在泉州已有专利申请的化合物半导体创新主体中，高校、科研院所等申请人及自然人的申请占据了较高比重，另外也反映了泉州市化合物半导体产业化程度尚不完全成熟，企业聚集力有待加强。

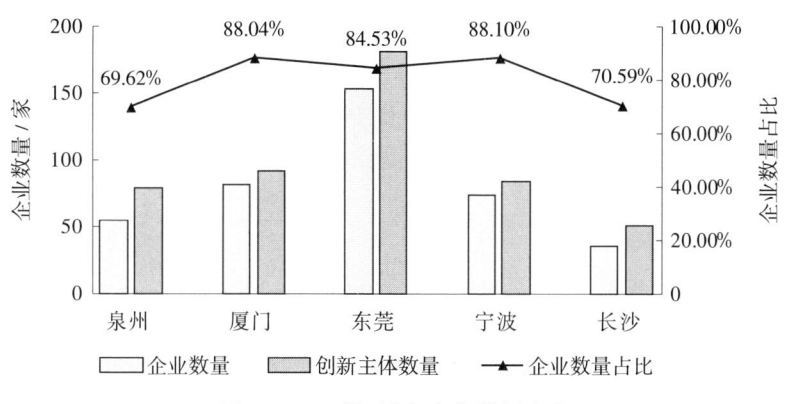

图 4-12 对标城市企业数量定位

将泉州与国内各对标城市化合物半导体企业数量按不同申请量区间进行统计，如表4-5所示，在泉州已有专利申请的企业中，有1家企业申请量在50项以上，申请量处于10~19项区间的有5家，7家企业申请量在5~9项区间，另外40余家企业仅有1~4项专利成果产出。通过与表中其他对标城市进行比较，可以发现泉州市化合物半导体产业以中小企业居多，截至检索日，仅有1家企业的相关专利申请量达到50项以上，仍较为缺乏化合物半导体相关专利成果产出丰富的行业内龙头企业。

表4-5 泉州及对标城市各申请量区间企业数量分布　　　单位：家

泉州及对标城市	1~4项	5~9项	10~19项	20~49项	50项及以上	总计
泉州	42	7	5	0	1	55
厦门	68	6	4	1	2	81
东莞	136	9	6	1	1	153
宁波	68	5	0	0	1	74
长沙	33	2	1	0	0	36

如图4-13所示，从专利数据来看，泉州近3年[1]新进化合物半导体企业平均申请量超2项，与对标城市相比处于领先水平，可以看出泉州市近年来企业培育工作有效推进，新进企业为泉州企业的化合物半导体相关技术研发增添了较强创新活力。据统计，泉州市化合物半导体产业近3年新进企业占本地企业总量的41.82%。相邻城市厦门新进企业数量偏少，企业入驻放缓。相比而言，长沙近3年来新进企业数量占比较高，达58.33%，在各对标城市中具有较为明显的优势。

---

[1] 指2019年1月1日至检索日。

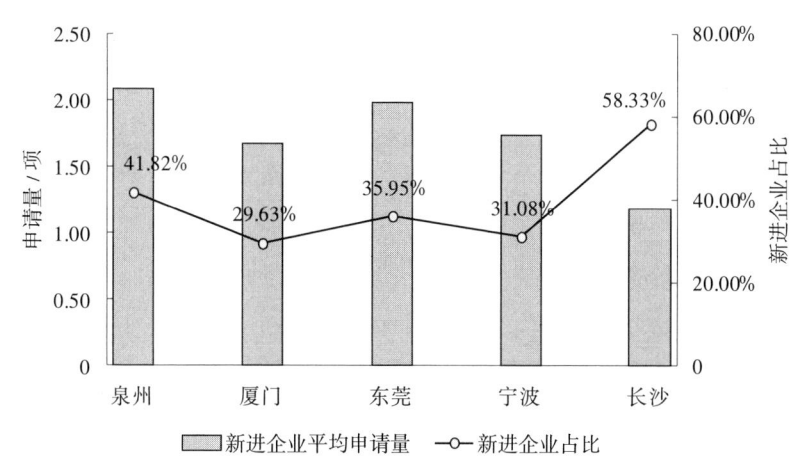

图 4-13 泉州及对标城市新进企业申请量及数量占比

如图 4-14 所示，具体到泉州及各对标城市化合物半导体企业三级分支申请量分布情况，泉州在光电子器件、衬底、太阳能电池等细分技术领域内积累了相对较多的技术成果，且相对于各对标城市处于靠前位置，可见泉州本地企业在上述领域内技术创新实力较强，企业通过积极布局专利提升自身影响力及技术话语权。但是同时应注意到的是，外延生长、通信等分支申请量偏低，且在射频器件方面专利布局基本空白，企业在相关技术领域投入的研发力量较少，创新实力尚处于相对弱势地位。

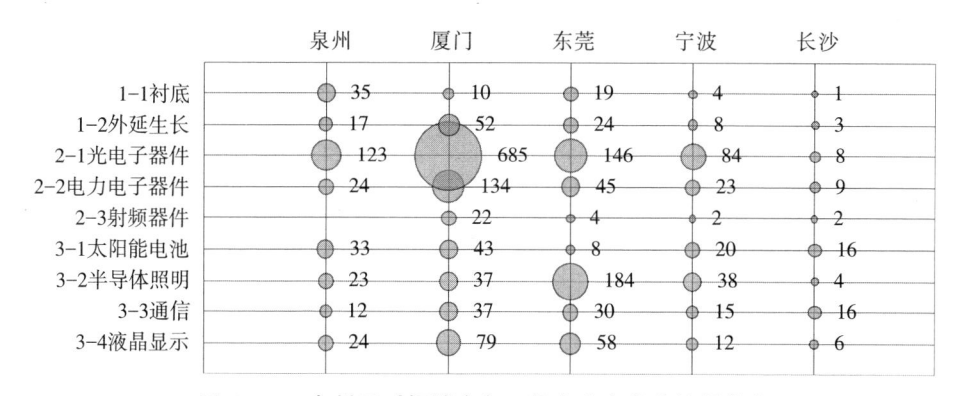

	泉州	厦门	东莞	宁波	长沙
1-1 衬底	35	10	19	4	1
1-2 外延生长	17	52	24	8	3
2-1 光电子器件	123	685	146	84	8
2-2 电力电子器件	24	134	45	23	9
2-3 射频器件		22	4	2	2
3-1 太阳能电池	33	43	8	20	16
3-2 半导体照明	23	37	184	38	4
3-3 通信	12	37	30	15	16
3-4 液晶显示	24	79	58	12	6

图 4-14 泉州及对标城市各三级分支企业申请量分布

如图4-15所示，进一步对上述对标城市化合物半导体产业重点头部企业❶产业结构进行聚焦，从重点头部企业各三级技术分支申请量分布情况来看，各地企业均围绕化合物半导体技术革新及性能提升等方面持续开展研发，已初步形成较为全面的技术布局。可以看到，三安光电作为国内化合物半导体龙头企业，全产业链技术实力领先，相比较来看，国内的闻宇实业、安芯美半导体等企业在部分关键技术领域的专利储备量相对不足。总部坐落于福建省厦门市的三安光电在国内多地设有子公司，其中泉州三安光电在领域内已具备较强的技术实力。

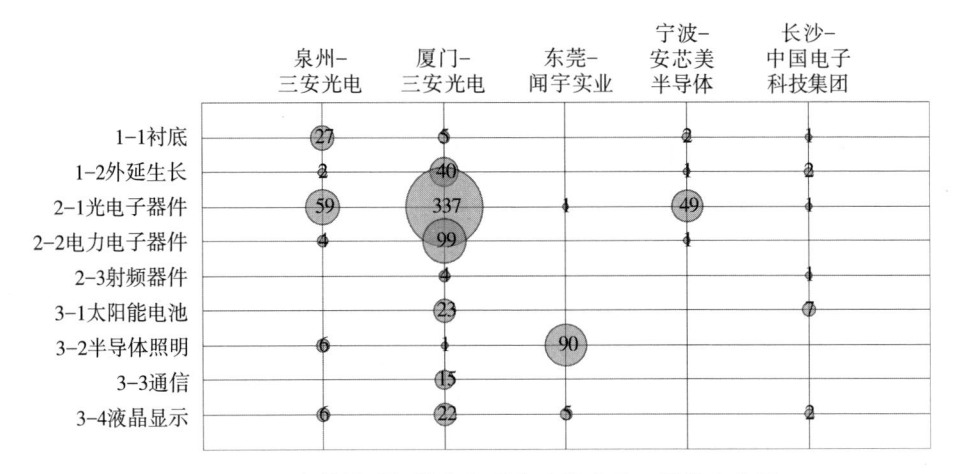

图4-15 泉州及对标城市各重点头部企业三级分支布局

进一步以泉州三安光电为基准，分析泉州三安光电在整个产业链中的优劣势，表4-6列出了其余四家重点头部企业相对于泉州三安光电的优势（>1）和劣势（<1）环节。由表可见，厦门三安光电相对于泉州三安光电在外延生长、光电子器件、电力电子器件、液晶显示四个分支处在优势地位，尤其在电力电子器件技术领域内，厦门三安光电专利持有量约是泉州三安光电的24.8倍，闻宇实业则在半导体照明领域内相对于泉州三安光电占据优势地位。泉州三安光电还应不断加强优势领域的研发创新，致力补齐技术弱项短板，灵活运用布局策略，积极寻求技术合作，致力争夺全球产业领域技术高地。

---

❶ 以主要对标城市中申请量排名靠前的企业作为重点头部企业。

表 4-6 重点头部企业产业链优劣势环节对比（以泉州三安光电为基准）

三级分支	企业名称				
	泉州-三安光电	厦门-三安光电	东莞-闻宇实业	宁波-安芯美半导体	长沙-中国电子科技集团
1-1 衬底	1.0	0.2	0.0	0.1	0.0
1-2 外延生长	1.0	20.0	0.0	0.5	1.0
2-1 光电子器件	1.0	5.7	0.0	0.8	0.0
2-2 电力电子器件	1.0	24.8	0.0	0.3	0.0
2-3 射频器件	—	—	—	—	—
3-1 太阳能电池					
3-2 半导体照明	1.0	0.2	15.0	0.0	0.0
3-3 通信	—	—	—	—	—
3-4 液晶显示	1.0	3.7	0.8	0.0	0.3

4.2.3 人才实力优势与劣势

国以才立，政以才治，业以才兴。人才是重要的创新资源，产业发展必然需要创新型人才的进入和推动。在化合物半导体产业发展中，要加大人才培养力度，迅速形成人才集聚效应，从而为创新发展提供智力资源支撑。本节将从产业人才和科研人才两方面对泉州市人才进行创新实力定位，从而提出更有针对性的人才培养建议。

1. 产业人才

1）泉州产业人才储备较为丰富，人才创新产出较高，创新实力较强。

如图 4-16 所示，从与对标城市的对比中可以看出，泉州市与宁波市在企业就职的发明人数量接近，产业人才储备较为丰富，而发明人平均申请量在 5 个城市中排名第一，产业人才创新产出较高，创新实力较强。对标城市中，厦门市产业人才数量最多，接近 450 位，深厚的人才储备为厦门市产业发展提供了坚实的基础。厦门市发明人平均申请量较多，产业人才创新产出同样较多。厦门、泉州两市在产业人才创新产出方面领先其他对标城市，创新实力较强。东莞市人才数量较多，但人才创新产出相对福建省的两座城市较少。长沙市产业人才数量和人才创新产出均较少，产业创新实力稍弱。

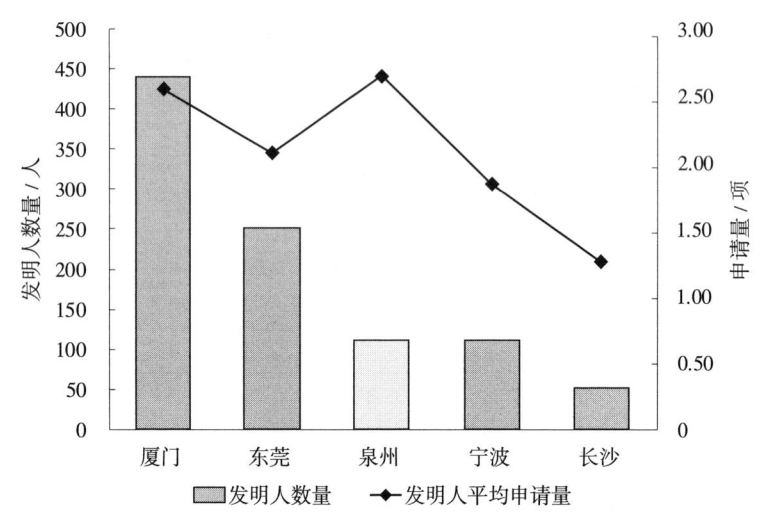

图 4-16　泉州及对标城市产业人才储备和人才创新产出

2) 泉州上中游产业人才储备较强，但部分领域存在短板，下游领域人才储备略显不足。

如图 4-17 所示，在中上游领域，泉州市在衬底、外延生长、光电子器件等产业人才储备较为雄厚，但在电力电子器件和射频器件领域存在一定的短板，人才储备略显不足。泉州在下游领域四个三级分支均有人才储备，但产业人才数量相比其他对标城市略显不足。对标城市中，厦门市在全产业链上产业人才储备均较为雄厚，在外延生长、光电子器件、电力电子器件、射频器件、通信和液晶显示领域产业人才数量均位列第一，人才优势明显。东莞市也呈现出全产业链发力的态势。东莞市在上游衬底和外延生长，中游光电子器件和电力电子器件，下游半导体照明、通信和液晶显示等领域均有着不错的产业人才储备，而下游半导体照明领域的人才储备较为突出。

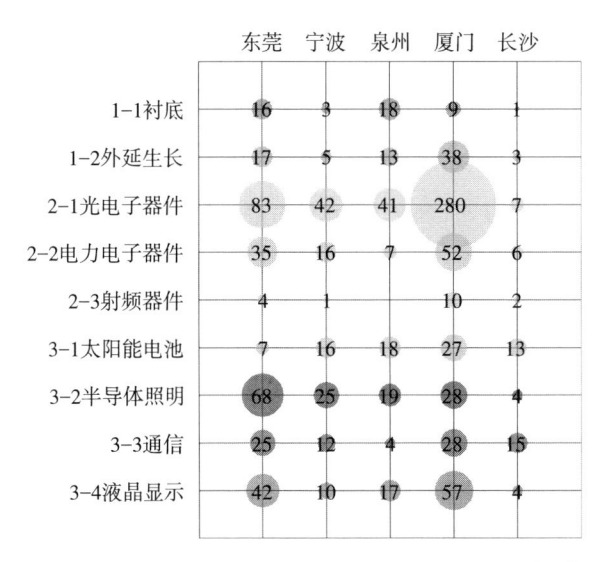

第4章 泉州市化合物半导体产业专利态势及发展优劣势

	东莞	宁波	泉州	厦门	长沙
1-1衬底	16	3	18	9	1
1-2外延生长	17	5	13	38	3
2-1光电子器件	83	42	41	280	7
2-2电力电子器件	35	16	7	52	6
2-3射频器件	4	1		10	2
3-1太阳能电池	7	1	18	27	13
3-2半导体照明	68	25	19	28	4
3-3通信	25	12	4	28	15
3-4液晶显示	42	10	17	57	4

图4-17 泉州及对标城市各技术分支产业人才储备情况

3）泉州市重点产业人才集中于光电子器件领域，头部产业人才创新产出较多，创新活力较强。

泉州市重点产业人才集中在光电子器件领域，重点产业人才包括福建晶安光电有限公司的陈铭欣、福建中科光芯光电科技有限公司的薛正群、泉州市博泰半导体科技有限公司的林朝晖、福建晶安光电有限公司的廖弘基等。福建钧石能源有限公司李沅民的研发创新集中在太阳能电池领域。从与各对标城市的对比中可以看出，泉州市头部产业人才创新产出较多，超过宁波和长沙位列第三。

如表4-7所示，各对标城市重点产业人才中，东莞、厦门两座城市的重点产业人才产出较为突出。东莞市闻宇实业有限公司叶伟炳创新产出最多，其创新主要涉及下游半导体照明领域。东莞市中镓半导体科技有限公司的贾传宇、永林电子有限公司的唐勇同样是产出较多的产业人才，贾传宇研究领域涵盖上中游多个领域，在衬底、外延生长、光电子器件和电力电子器件均有创新产出，唐勇则以半导体照明领域的创新为主。厦门乾照光电的林志伟是对标城市中专利申请量排第二的重点产业人才，其研发创新集中在中游光电子器件领域，但其研发创新在上中下游均有涉足，是光电领域全产业链创新人才。厦门市三安集成电路有限公司的刘胜厚也有较多的创新产出,其创新集中在电力电子器件和射频器件领域,在外延生长领域也有部分涉足。厦门乾照光电股份有限公司的邬新根创新则集中在光电子器件领域。

表 4-7　泉州及对标城市重点产业人才分布

申请人：发明人	申请量／项
东莞市闻宇实业有限公司：叶伟炳	96
东莞市中镓半导体科技有限公司：贾传宇	20
永林电子有限公司：唐勇	16
东莞市德颖光电有限公司：牛志宇	9
东莞市中晶半导体科技有限公司：刘权锋	7
宁波飞芯电子科技有限公司：雷述宇	9
中电化合物半导体有限公司：唐军	7
宁波市鄞州潘哥电子有限公司：潘宇赟	6
宁波海特创电控有限公司：翁加付	6
宁波升谱光电股份有限公司：杜元宝	4
福建晶安光电有限公司：陈铭欣	22
福建中科光芯光电科技有限公司：薛正群	17
泉州市博泰半导体科技有限公司：林朝晖	16
福建钧石能源有限公司：李沅民	9
福建晶安光电有限公司：廖弘基	8
厦门乾照光电股份有限公司：林志伟	69
厦门市三安集成电路有限公司：刘胜厚	24
厦门乾照光电股份有限公司：邬新根	24
厦门乾照半导体科技有限公司：彭钰仁	23
厦门市三安集成电路有限公司：蔡文必	19
浏阳泰科天润半导体技术有限公司：何佳	4
中国电子科技集团公司第四十八研究所：周洪彪	3
长沙信元电子科技有限公司：方迪勇	2
中国电子科技集团公司第四十八研究所：姬常晓	2
湖南红太阳光电科技有限公司：刘文峰	2

2. 科研人才

1）泉州市科研人才储备不足，厦门市、长沙市科研人才储备较为突出。

如图4-18所示，从与对标城市的对比中可以看出，泉州市在高校或科研院所就职的科研人才较少，对产业的支撑度不足，而发明人平均申请量与其他对标城市相比较为接近，高于宁波市，人才创新实力尚可。对标城市中，厦门市科研人才数量最多，超过50位，深厚的科研人才储备为厦门市技术发展革新提供了有力保障。长沙、东莞和宁波的科研人才均在30~40位之间，位于第二梯队。其中，长沙的科研人才排名第二，而产业人才排名第五，表明长沙的产业发展相对于科学研究较为滞后。

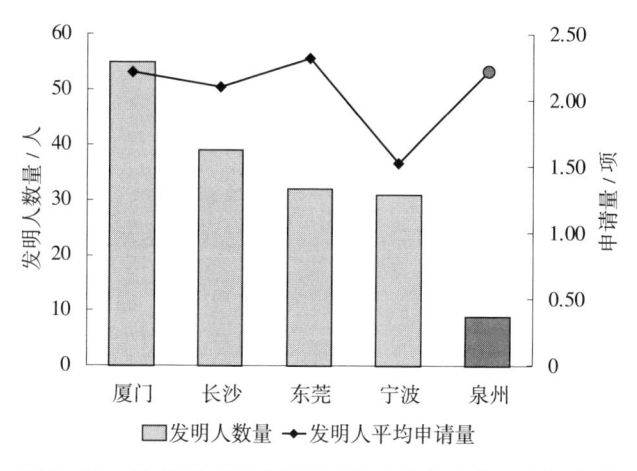

图4-18 泉州及对标城市科研人才储备和人才创新产出

2）泉州科研人才储备不足，高校院所的研究对产业的支撑力仍需提升。

如图4-19所示，泉州市产业结构中光电领域具有较好的表现，但泉州市高校院所在中游光电子器件、下游半导体照明和液晶显示领域科研人才缺乏储备，对产业创新发展的支撑力略显不足。泉州市具备一定科研人才储备的电力电子器件和通信两个技术领域由于泉州本地产业发展较为薄弱，高校院所研究领域与产业发展匹配度相对较低。相较而言，其余四个对标城市人才储备覆盖的各个技术领域相对较全，没有明显的短板，尤其是厦门市和长沙市在多个领域的人才储备均较为深厚。

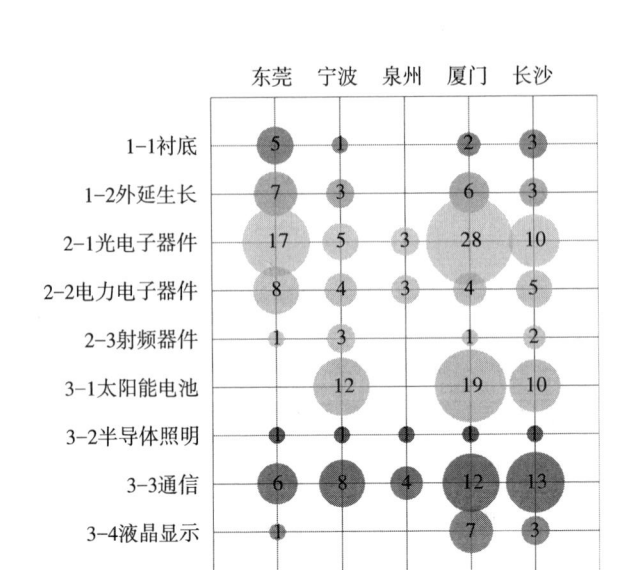

	东莞	宁波	泉州	厦门	长沙
1-1 衬底	5	1		2	3
1-2 外延生长	7	3		6	3
2-1 光电子器件	17	5	3	28	10
2-2 电力电子器件	8	4		4	5
2-3 射频器件	1	3		1	2
3-1 太阳能电池		12		19	10
3-2 半导体照明					
3-3 通信	6	8	4	12	13
3-4 液晶显示		1		7	3

图 4-19　泉州及对标城市各技术分支科研人才储备

3) 泉州市重点科研人才集中于光电子器件领域，创新产出偏少。

泉州市重点科研人才集中在光电子器件领域，重点科研人才包括华侨大学的温秋玲、黎明职业大学的王星河、泉州师范学院的潘玉灼、泉州装备制造研究所的夏安俊和闽南理工学院的肖龙等。其中，温秋玲和王星河研发创新领域为光电子器件，而潘玉灼、肖龙的研究领域为电力电子器件，泉州装备制造研究所的夏安俊则在电力电子器件和通信领域皆有涉足。但整体而言，与对标城市相比，泉州市高校院所科研人才整体创新产出偏少。

如表 4-8 所示，各对标城市重点科研人才中，厦门、长沙两座城市的重点科研人才产出较为领先。厦门大学是化合物半导体领域实力非常强的高校，在领域内的发明人众多，申请量也很大，研究涵盖化合物半导体产业上中下游各个领域，在光电子器件、太阳能电池、通信、液晶显示领域实力较强。长沙市拥有中南大学、湖南大学、国防科技大学等重点高校，在化合物半导体领域也具有不俗的实力。中南大学的汪炼成致力于光电子器件和液晶显示领域的研究，而湖南大学的王俊则专攻电力电子器件领域。此外，国防科技大学的科研人才在光电子器件、太阳能电池、通信三个领域较为集中，且多位科研人才均涉足两个以上的技术领域，表明国防科技大学在学科交叉领域研究较为深入。

表 4-8 泉州及对标城市重点科研人才分布

城市	申请人：发明人	申请量/项
东莞	东莞理工学院：贾传宇	7
	松山湖材料实验室：左朋	5
	松山湖材料实验室：汪洋	3
	北京大学东莞光电研究院：李成明	3
	松山湖材料实验室：王新强	3
宁波	中国科学院宁波材料技术与工程研究所：郭炜	6
	中国科学院宁波材料技术与工程研究所：巫远招	6
	宁波大学：叶焱	3
	中国科学院宁波材料技术与工程研究所：宋伟杰	2
	宁波大学：谭瑞琴	2
泉州	华侨大学：温秋玲	6
	黎明职业大学：王星河	4
	泉州师范学院：潘玉灼	3
	泉州装备制造研究所：夏安俊	2
	闽南理工学院：肖龙	1
厦门	厦门大学：张保平	12
	厦门大学：蔡端俊	8
	厦门大学：刘宝林	7
	厦门大学：黄凯	6
	厦门大学：高娜	6
长沙	中南大学：汪炼成	17
	湖南大学：王俊	11
	中国人民解放军国防科学技术大学：王朗宁	4
	中国人民解放军国防科学技术大学：李荧	4
	中南大学：周继承	3

4.2.4 协同创新优势与劣势

泉州市协同创新较为薄弱，方式为产学联合研发。如图4-20所示，剔除由专利转让产生的共同申请数据，与对标城市相比，泉州市在五座城市中协同创新占比最低，为1.44%，协同创新较为薄弱。厦门、长沙略高于泉州市，协同创新占比同样不足2%。而东莞、宁波两座城市协同创新较为活跃，协同创新占比为5%左右，主要包括：一是校企间的产学合作研发，如东莞市中镓半导体科技有限公司与北京大学、宁波海特创电控有限公司与桂林理工大学等；二是高校或科研院所之间的科学研究合作，如松山湖材料实验室与中国科学院物理研究所、松山湖材料实验室与东莞理工学院等；三是企业与企业之间的产业研发合作，如东莞万士达液晶显示器有限公司与胜华科技股份有限公司、宁波市晶旺光电有限公司与宁波市品亮照明有限公司、东莞市三基音响科技有限公司与东莞市亿达音响制造有限公司等。

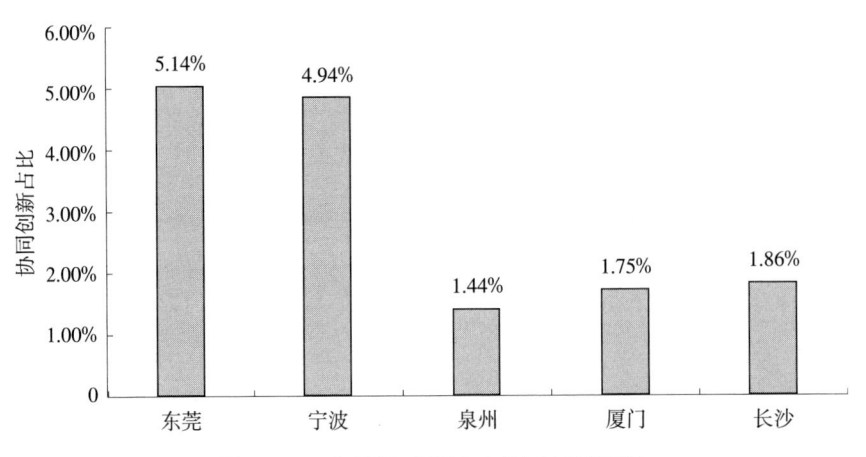

图4-20 泉州及对标城市协同创新情况

剔除公司与内部职工联合申请的情况以及专利转让形成的共有专利权的情况，泉州市化合物半导体产业仅有高校或科研院所与企业联合申请的3项专利，泉州市协同创新非常薄弱。如图4-21所示，泉州市的产学联合研发发生于2016年以后，华侨大学和福州大学分别与福建晶安光电有限公司、晋江市博感电子科技有限公司开展产学研联合研发，联合研发带有明显的区域特征。华侨大学与福建晶安光电在蓝宝石晶片腐蚀抛光复合加工机床及加工方法领域开展研发合作，而福州大学则是与晋江市博感电子科技有限公司共同研发了由 LED 和 OLED 相反极性并联组成的显示器件。

华侨大学
福建晶安光电有限公司
2件 2016年
蓝宝石晶片腐蚀抛光复合加工方法
蓝宝石晶片腐蚀抛光复合加工机床

福州大学
晋江市博感电子科技有限公司
1件 2020年
一种由LED和OLED相反极性并联组成的显示器件

图 4-21 泉州市协同创新情况

4.2.5 专利运营优势与劣势

泉州市化合物半导体产业专利许可活动基本为空白，专利转让与质押情况虽优于福建省平均水平，但低于全国和全球平均水平。

专利运营是指专利权人对专利权的资本管理与运作，主要包括转让、许可、质押等方式。专利运营的活跃程度从一个侧面反映了创新主体或技术方向的创新生命力，还能体现该创新主体的综合技术实力。如图 4-22 所示，泉州市化合物半导体产业专利运营主要包括转让和质押两种方式，两种方式运营的专利占比均高于福建省平均水平，但距离全国和全球水平仍有一定的差距。而福建省专利许可占比较高，远高于全球和全国水平，专利许可全部发生在厦门市，厦门大学、芯鑫融资租赁（厦门）有限责任公司、厦门三安电子有限公司、厦门市三安光电科技有限公司、厦门莱肯照明科技有限公司等高校或企业对外进行了多件专利许可。

如表 4-9 所示，泉州市共有 21 项专利涉及转让，其中转出 13 项、转入 7 项，本地转移 1 项。泉州市转出的专利受让方均为北京精诚铂阳光电设备有限公司，转让方分别为福建钧石能源有限公司和福建欧德生光电科技有限公司，数量分别为 12 项和 1 项，均为太阳能电池领域专利。转入的 7 项包括 4 项集团内部的转让及 3 项公司之间的外部转让。集团内部的专利转让包括深圳天电光电转让给福建天电光电的 LED 封装结构及 LED 荧光胶层制备工艺和

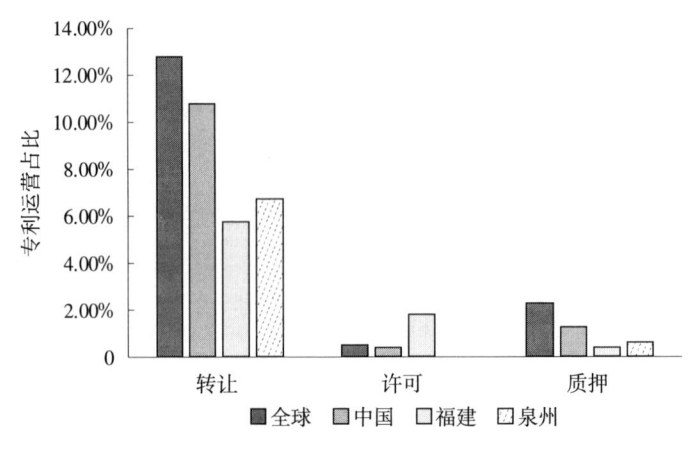

图 4-22 化合物半导体产业专利运营情况

采用该工艺封装成的封装结构这 2 项专利；厦门三安转让给福建晶安光电的 1 项基于应力作用的逐单元分离蓝宝石衬底的方法专利；厦门西人马转让给泉州西人马的 1 项发光二极管封装结构及封装方法专利。外部的专利转让分别为南京同溧晶体材料研究院有限公司转让给福建华岭科技有限公司的 2 项蓝宝石晶体生长炉专利及中国科学院半导体研究所转让给宏芯科技（泉州）有限公司的 1 项集成化的相干光通信用电光调制器结构专利。此外，还有 1 项专利在本地进行转移，为泉州博泰半导体转让给金石能源的 1 项聚光太阳能模组专利。

表 4-9 泉州市专利转让情况

当前申请（专利权）人	原始申请 （专利权）人	转让专利 数量／项	转让 情况
福建钧石能源有限公司、北京精诚铂阳光电设备有限公司	福建钧石能源有限公司	12	转出
福建欧德生光电科技有限公司、北京精诚铂阳光电设备有限公司	福建欧德生光电科技有限公司	1	转出
福建华岭科技有限公司	南京同溧晶体材料研究院有限公司	2	转入
福建天电光电有限公司	深圳市天电光电科技有限公司	2	转入

续表

当前申请（专利权）人	原始申请（专利权）人	转让专利数量/项	转让情况
福建金石能源有限公司	泉州市博泰半导体科技有限公司	1	本地转移
福建晶安光电有限公司	厦门市三安光电科技有限公司	1	转入
宏芯科技（泉州）有限公司	中国科学院半导体研究所	1	转入
西人马联合测控（泉州）科技有限公司	西人马（厦门）科技有限公司	1	转入

如表 4-10 所示，泉州市化合物半导体产业共有 2 项专利进行专利质押，分别为光电子器件和液晶显示领域的专利申请，惠安中正网络科技有限公司向泉州市北极星服装贸易有限公司质押了 1 项新型发光二极管专利；惠安环玛铁贸易有限公司向福建省裕景建筑工程有限公司质押了 1 项具有散热结构的 LED 显示屏专利。2 项专利均在 2020 年 12 月底完成质押备案。

表 4-10　泉州市化合物半导体产业专利质押情况

公告号	标题	专利权人	质权人
CN212011019U	新型发光二极管	惠安中正网络科技有限公司	泉州市北极星服装贸易有限公司
CN211980065U	具有散热结构的 LED 显示屏	惠安环玛铁贸易有限公司	福建省裕景建筑工程有限公司

4.3　小结

本章首先通过线上、实地调研等渠道了解泉州市化合物半导体产业发展现状，并且由专利数据出发，明晰本地产业专利态势，最后对泉州市化合物半导体产业发展优势与劣势进行了专利导航定位分析。综合而言，专利导航定位分析结论与泉州本地调研结果具有较高吻合度，并从知识产权角度聚焦泉州市化合物半导体产业发展存在的具体问题，为找寻产业发展路径提供了重要指引。

4.3.1 泉州市化合物半导体产业专利态势

国内化合物半导体产业呈集群化发展，福建依托多重优势已是国内产业重要增长极之一。目前，国内化合物半导体产业已初步形成了以京津冀、长三角、珠三角、闽三角、中西部为主的几大重点发展区域。近年来，福建省在省内加速布局化合物半导体产业，已建立起闽三角半导体产业集群，并力争在福建省内打造半导体产业一小时供应链，成为半导体产业重要的新兴力量。

闽三角中心城市厦门、泉州、福州在发展中各具优势，融合发展。位于闽三角腹地的厦门，立足高水平创新龙头，依托厦门三安光电、乾照光电、厦门大学等产业和研究龙头，为技术和产业发展贡献了强大动能。泉州市立足高质量产业基础，依托"泉州芯谷"，聚集了泉州三安、晶安光电、福建中科光芯等优质企业创新主体，产业发展蒸蒸日上。福州市立足高水准科研团体，依托福州大学、中科院福建物质结构研究所及中国福建光电信息科学与技术创新实验室扎根福州，深厚的科研底蕴为技术发展贡献了积极力量，助力福州成为闽三角化合物半导体产业中另一个重要的发展极。福建省化合物半导体产业展现出较为浓厚的产学研协同底色，厦门大学、福州大学、中科院海西研究院泉州装备制造研究所、泉州师范学院、闽南科技学院等与区域内产业主体频繁互动，产学研深度融合推动产业高速发展。

泉州市化合物半导体产业鲤城区发展起步较早，2016年以来安溪县、南安市和晋江市受益于泉州芯谷有序推进、接棒领跑。位于鲤城区的福建钧石能源、泉州博泰半导体等企业为泉州市化合物半导体产业早期发展奠定了一定基础，随着2016年以来泉州芯谷的规划、建设和快速发展，产业发展重心由鲤城区向泉州芯谷倾斜，泉州芯谷聚集了晶安光电、泉州三安、泉州臻美、三伍微电子和晋华集成电路等优质产业主体，实现了跨越式发展。

泉州市中上游已有一定技术储备，部分细分技术领域表现出发展优势与潜力。从各二级分支技术构成来看，器件模组专利申请量占比最高，各二级分支占比与全国技术构成比例相近，上游制备工艺领域、中游器件模组领域有效专利占比略高于总体水平，技术积累更为深厚。泉州市在光电产业链条衬底、光电子器件、液晶显示领域具有发展优势，在外延生长、电力电子器件、通信等领域拥有较大的发展潜力。

泉州市产业化程度较高，龙头企业引领构筑区域产业生态。泉州市化合物半导体领域创新主体以企业为主，企业主体占据了前10名中的9个位次，科研主体中华侨大学上榜。泉州三安和晶安光电作为区域龙头，各中小企业围绕龙头集聚形成良好产业生态。

4.3.2 泉州市化合物半导体产业发展优势与劣势

产业结构定位方面，泉州市化合物半导体产业优势技术环节主要集中在衬底、外延生长、光电子器件等细分技术领域，但在电力电子器件、射频器件、通信等细分技术领域内尚有劣势。与主要国家、地区或对标城市相比，泉州在器件模组领域优势明显，在器件应用和制备工艺领域仍有进一步提升空间。具体到各三级分支而言，泉州在衬底、光电子器件、太阳能电池及半导体照明领域表现出较强的竞争优势，而在电力电子器件、射频器件、通信等细分技术领域占比相对落后，且低于福建省内总体水平。泉州市在半导体照明、液晶显示、外延生长等细分技术领域的创新主体较为丰富，未来发展潜力较大，在电力电子器件、射频器件、太阳能电池、通信等细分技术领域创新主体聚集程度较低。

企业实力方面，泉州三安光电创新引领，行业内新进企业加速涌入，但区域产业化程度尚不完全成熟，整体创新活力仍有待提升。泉州市化合物半导体产业龙头企业泉州三安光电创新支撑力较强，但相比于厦门三安光电而言，技术覆盖度仍需进一步提升。另外，近3年来新进企业数量较多，为泉州企业的化合物半导体相关技术研发增添了较强创新活力，但总体而言区域内企业聚集力有待加强。具体到各细分领域，泉州在光电子器件、衬底、太阳能电池等细分技术领域优势较为明显，在外延生长、半导体照明、射频器件领域较为薄弱。

人才实力方面，泉州产业人才储备整体而言较为丰富，科研人才对产业的支撑力仍有待提升。其中，在衬底、外延生长、光电子器件等中上游领域产业人才储备较为丰富，在电力电子器件和射频器件领域存在一定的短板，人才储备略显不足。下游领域四个三级分支均有人才储备，但产业人才数量相比其他对标城市略显不足。泉州市重点产业人才集中于光电子器件领域，头部产业人才创新产出较多，创新活力较强。就科研人才而言，泉州市中游光电子器件、下游半导体照明和液晶显示等领域科研人才储备不足，高校院所研究对产业支撑度不足，重点科研人才主要集中于光电子器件领域，重点科研人才创新产出偏少。

协同创新方面，泉州市高校与企业之间已具备一定的联合研发基础，但目前协同创新表现略显薄弱，形式较为单一。目前，泉州市创新主体协同方式仅有高校与企业之间的产学联合研发类型，整体看来创新主体联合研发基础较为薄弱。结合对标城市情况来看，东莞、宁波两座城市协同创新较为活跃，校企间、企业间、高校或科研院所间的研发合作均有涉及，可作为泉州重点关注的区域之一。

专利运营方面，泉州市化合物半导体产业创新主体以民营企业为主，但专利许可活动基本空白，创新要素流动渠道有待畅通。泉州本地专利转让与质押主要集中于太阳能电池及光电领域，总体水平虽优于福建省，但仍低于全国和全球水平。整体看来，泉州协同运用发展成效还不足，产业链上企业之间虽有联动，但紧密性不强。未来泉州市应强化企业创新主体地位，促进各类创新要素向企业集聚，进一步加快构建产学研用深度融合的技术创新体系。

总体看来，泉州市化合物半导体产业发展优势明显。产业结构方面，部分细分领域优势逐步建立；创新主体方面，产业民营主体资源较为丰富；技术供应方面，创新要素涌入加速，协同运用具有较大潜力。同时，也表现出一定劣势，包括产业结构失衡，产业链条配置尚不完整；创新动能不足，主体支撑能力相对薄弱；转化运用乏力，创新要素流转略显滞后。当前，在宏观形势深刻变化的背景下，化合物半导体产业链"断供"风险持续加大，未来持续改善并解决产业发展面临的问题是提升产业链供应链自主可控能力的关键所在。

第5章 泉州市化合物半导体产业发展对策建议

2021年中央经济工作会议明确提出"产业链供应链安全稳定是构建新发展格局的基础",要把"增强产业链供应链自主可控能力"作为重点工作任务。党的二十大报告中提到,要"加快建设现代化经济体系,着力提高全要素生产率,着力提升产业链供应链韧性和安全水平"。本章以方向与定位互动约束关系为基础,为实现泉州市化合物半导体产业链安全寻找具体路径、提出对策建议,分别从优化产业创新布局、提升技术创新能力、夯实本地主体培育、对接外部优质资源、提升协同创新水平、围绕应用多重发力六个方面展开论述。

5.1 优化产业创新布局,打造产业链安全

在当今错综复杂的国际大背景下,化合物半导体产业发展作为我国的"卡脖子"问题之一,在部分技术环节仍受到海外国家掣肘。近年来,美国一直通过各种手段从半导体材料、设备、工艺等多个方向对我国半导体产业发展进行限制。2022年7月28日,美国众议院通过《芯片与科学法案》,该法案面向芯片企业研发和工厂建设提供约520亿美元资金补贴并颁布了其他优惠政策,虽然该法案宣称旨在提升美国科技和芯片业竞争力,但也包括一些限制中美正常科技合作的条款。此举并不利于半导体产业链的全球化发展,其通过对我国及部分国家(地区)先进制程半导体产业发展的限制,使得全

球半导体产业链碎片化，破坏了全球半导体产业链的稳定性。

我国要推进好"双循环"发展格局，即内循环为主内外兼顾互促的新格局，维护好自身的产业链安全。半导体在未来国际博弈中具有不可替代的重要性。因此，实现我国半导体国产替代迫在眉睫。与此同时，挑战与机遇并存。随着5G商用、人工智能、汽车电动化的快速推进，化合物半导体发展也必将迎来新的发展机遇。

5.1.1 产业创新发展目标

为深入贯彻落实习近平总书记重要讲话重要指示批示精神和党中央、国务院决策部署，统筹推进疫情防控和经济社会发展，稳定产业链和供应链，泉州市于2020年印发《泉州市实施保产业链供应链稳定工作方案》，并指出要引进和培育半导体制造企业，上延下拓产业链配套项目，推动形成产业集聚。福建省作为外向型经济比较发达的省份，也曾在政府工作报告中强调"优化和稳定产业链供应链"。这是应对当前国际贸易形势变化，优化产业结构，推动高质量发展的一项重要举措。

以专利导航分析为基础，结合泉州市产业创新资源，围绕产业链上中下游提出泉州市化合物半导体产业创新发展目标，旨在进一步推进泉州市化合物半导体产业创新进程有效有序发展。

1. 上游：补强上游制备工艺，围绕三安打造化合物半导体产业"高地"

泉州市化合物半导体产业上游创新链条发展已具备一定规模，并且拥有一批活跃度较高的创新主体。建议泉州抓住本地优势资源，着力补强上游领域，围绕三安打造化合物半导体制备工艺"高地"。通过大力推动企业创新、人才创业、政府创优，健全本地企业、人才培养机制，促进本地产业结构实现持续优化，进一步提升本地产业链竞争力。

2. 中游：当前国际形势下，提振信心推动国产化、自主化

随着美国近年来全力遏制中国半导体业的发展，利用各种手段迫使全球半导体产业链按其意愿进行重组，并试图纠集各路盟友建立"去中产业链"，

叠加全球疫情及产能紧缺的一系列"连锁"冲击，全面打破了相对稳定的全球半导体产业链平衡。化合物半导体是重要的战略物资，泉州市应立足本地，致力打造面向海峡两岸、辐射全国的化合物半导体产业集聚区，保持对新技术持续的研发投入，持续跟进行业内领先企业不掉队，提振信心推动国产化、自主化，构建安全可控且持续的供应链体系，力争保证供应链、产业链安全。

3. 下游：以 LED[①] 为抓手，依托下游应用需求促进中上游加速整合

在我国宏观经济持续增长、国家产业政策扶持，以及 LED 技术不断突破的背景下，国内 LED 产业发展迅速。目前，泉州 LED 产业链发展较为完整，已初步覆盖下游的 LED 照明及液晶显示应用领域，与此同时，中上游相关企业已经具备一定的产业规模。未来，建议泉州以 LED 作为着力点，促进中上游产业资源整合和垂直整合加速，致力于掌握核心技术、拥有更多自主知识产权和知名品牌，持续加强产业链话语权。

5.1.2 产业技术导向建议目录

为鼓励泉州市化合物半导体产业创新主体更好地发挥特色优势，进一步支持产业做强长板、补齐短板，本节以专利导航分析结论为依据，基于泉州产业发展定位，通过梳理重点专利信息得到以下泉州市化合物半导体产业技术导向建议目录。

1. 优先发展类

（1）衬底
用于 GaN 生长的复合衬底的制备方法
提高 LED 亮度的多量子阱层生长方法
完整性 GaN 基薄膜的制备方法
高纯半绝缘碳化硅晶体生长装置及其方法
采用 MOCVD 技术制备具有阶梯式量子阱结构近紫外 LED 的方法

[①] 此处指液晶显示、半导体照明。

在 Si 衬底上制备无裂纹 GaN 薄膜的方法

具有复合结构的缓冲层

蓝宝石晶片腐蚀抛光复合加工机床

全自动智能 LED 蓝宝石切割打磨机

在大尺寸 Si 衬底上制备高电子迁移率场效应晶体管的方法

蓝宝石 LED 图形衬底的切割打磨设备

提高光输出量的蓝宝石衬底

基于籽晶替换方案的导膜法蓝宝石晶体生长炉

多次籽晶可替换的导膜法蓝宝石晶体生长炉

可快速粘籽晶快速取晶体的碳化硅生长装置

转移过程同期图形化的 GaN 基复合衬底

固定性好的蓝宝石衬底

基于应力作用的逐单元分离蓝宝石衬底的方法

（2）外延生长

用于 GaN 生长的复合衬底的制备方法

抗静电氮化镓基发光器件及其制造方法

GaN 基发光二极管及其制造方法

采用金属有机化合物气相外延技术生长非对称电子储蓄层高亮度发光二极管的方法

制备氮化镓单晶衬底的方法

改进多片式外延材料厚度分布均匀性的氢化物气相沉积装置与方法

行星式外延生长设备中托盘的构成方法和装置

多片大尺寸氢化物气相外延方法和装置

用于发光二极管的 AlN 缓冲层及其制作方法

用于 SiC 基 MOS 器件栅介质薄膜的制备方法

AlN 模板及其生长方法、基于 AlN 模板的 Si 基 GaN 外延结构及其生长方法

晶圆级的微米–纳米级半导体 LED 显示屏及其制备方法

半导体晶片及其半导体晶片的制造方法

无损伤的 GaN 衬底激光剥离方法

碳化硅晶体及其生长方法和装置、半导体器件以及显示装置

高离子迁移率晶体管的 T 型栅的制作方法

在大尺寸 Si 衬底上制备高电子迁移率场效应晶体管的方法

砷化镓基晶体管的 T 型栅的制作方法

碳化硅沟槽型 JFET 的制作方法

制备同质外延衬底的方法

（3）光电子器件

基于复合式低阻缓冲结构的薄膜 LED 芯片器件及其制造方法

具有分布布拉格反射层的氮化镓基高亮度发光二极管及其制作工艺

垂直结构氮化镓基发光二极管制作方法

具有电流阻挡层氮化镓基发光二极管的制作方法

薄膜型 LED 制备方法

具有电流扩展层的氮化物发光二极管

具有垂直结构的 AlGaInP 发光二极管及其制造方法

具有新型电子阻挡层的近紫外 LED 及其制备方法

LED 外延结构及制作方法

垂直发光装置及其制造方法

抗静电氮化镓基发光器件及其制造方法

倒装芯片发光二极管及制作方法

发光二极管及其制造方法

发光二极管基板的剥离方法

具有电流集中结构的发光二极管

LED 植物照明

双层结构远程的荧光体及远程 LED 器件

双层结构远程的荧光体、制备方法及远程 LED 器件

分布式Ⅲ族氮化物发光半导体的 EMC 金属接合装置及封装方法

分立晶粒垂直结构的 LED 芯片制备方法

发光二极管封装结构

图案化蓝宝石基板和发光二极管

LED 灯丝及其制作方法

氮化物底层及其制作方法

具有电流阻挡结构的垂直发光二极管的制作方法

包覆式扩展电极发光二极管的制作方法

氮化物发光二极管的制作方法

发光二极管芯片及制作方法

倒装发光二极管芯片及制作方法

2. 鼓励发展类

（1）电力电子器件

碳化硅 UMOSFET 器件

氮化镓基场效应晶体管及其制备方法

新型碳化硅结势垒肖特基二极管及其制作方法

垂直结构的氮化镓异质结 HEMT

纳米晶嵌入单晶外延碳化硅的高稳定低损耗微波二极管

氮化镓基高电子迁移率晶体管

在大尺寸 Si 衬底上制备高电子迁移率场效应晶体管的方法

碳化硅 MOSFET 器件

基于增强型栅极结构的晶体管及其制备方法

碳化硅沟槽型 JFET 的制作方法

制备同质外延衬底的方法

SiC MOSFET 器件单元及其制造方法

具有台阶结构的碳化硅功率器件及其制备方法

三维栅介质结构的增强型功率晶体管

图形化栅结构的微波晶体管

具有图案化栅极结构的微波晶体管及其制造方法

利用 GaN 基窄阱多量子阱结构的高阻缓冲层及制备方法

电荷平衡结构、具有电荷平衡结构的功率器件及制作方法

覆盖纳米柱势垒的 GaN 晶体管及其制备方法

利用极化掺杂制备增强型 GaN 基晶体管的方法

SiC MOSFET 自适应驱动电路及自适应驱动方法

功率器件终端结构及其制作方法

降低浅沟槽隔离的高度差的制作方法

（2）射频器件

异质单片混合信号处理器的制备方法

单片微波集成电路中静电防护结构及其制造方法

氮化硅–聚酰亚胺复合介质的 MIM 电容器及制作方法

损耗补偿型电调有源谐振器

微型化双平衡混频器

HBT 制造方法

氮化硅–聚酰亚胺复合介质的 MIM 电容器及制作方法

实现大功率 GaN 器件层散热的三维异质结构的封装方法

基于复合相变材料射频前端小型化集成散热的封装结构

功率器件及其基底、功率器件组件、射频模块和基站

检测 5G GaN 射频芯片胶层空洞的快速定位治具

基于组合式开关管的功率放大电路、全固态射频电源

射频功率放大器及电子设备

高电子迁移率晶体管及制备方法

（3）通信

可配置多模式射频前端模块及具有该模块的移动终端

应用于线性模式功率放大器的动态偏置控制电路

可配置射频功率放大器及包含该放大器的射频发射前端模块

用于在无线电通信网络中启用设备到设备（D2D）通信的用户设备、网络节点以及其中的方法

收发一体光模块及塑料光纤通信系统

三维阻变存储器件及其操作方法

功率控制电路及具有功率控制电路的射频功率放大器模块

实现多波长输出的反斯托克斯拉曼光纤激光器

窄垂直方向远场发散角的激光器及其制备方法

定向耦合器及包含该定向耦合器的射频功率放大器

射频功率放大集成电路及采用其的移动终端

可调谐激光器的表征方法及装置

集成化的相干光通信用电光调制器结构

连续变量量子密钥分发系统的攻击检测方法

用于650nm光纤通信的光电探测器及其制造方法

多色MIMO-VLC比特功率分配星座设计方案

频率间隔可调的多波长反斯托克斯四波混频光纤激光器

中继辅助的非正交多址接入协作网络安全通信方法

垂直腔面发射激光器阵列模块与显示装置

SiC MOSFET自适应驱动电路及自适应驱动方法

光通信用掩埋结构高线性DFB激光器芯片

5.2 提升技术创新能力,夯实产业链安全

不断提升科技实力、突破产业关键核心技术是保障产业链、供应链安全稳定的关键所在。由第4章分析可知,泉州目前在光电子器件领域已经具备一定优势,申请人数量及申请量占比均处于较高水平。激光器作为光电子技术领域最主要的器件之一,壁垒与风险并存。本节将由专利数据出发,整体分析激光器技术领域内存在的技术壁垒,对专利风险进行预警分析,并给出可供参考的激光器领域专利研发路径建议。

5.2.1 专利风险应对策略

专利风险是专利制度的内生性风险,本节从较高层面描述一个国家、地区、行业在一定时期内面临的整体风险态势,这种风险态势本身一般不会导致危机发生,若其整体向负面进一步发展,将可能导致国家、地区、行业处于竞争中的不利地位。如果某一国家或地区专利申请总体数量少,核心专利

技术拥有量不足，这种态势将构成其在发展该技术上的一种宏观专利风险。虽然这种风险在一定时期内并不由某个具体的创新主体所承受，但其影响面较大，影响时间较长，涉及该行业的企业都有可能受到该风险的影响，并且这种态势的扭转也需要全面系统的规划，通过形成区域、行业合力而改变。

近五年来，中国迅速崛起取代日本成为第一大技术来源国，美国、日本专利壁垒较高，中、欧、韩技术市场较为广阔。如图5-1所示，从有效专利数量来看，半导体激光器领域大致经历了两个发展阶段，第一阶段是2002年至2015年由日美主导的发展阶段，第二阶段是2015年以来中、日、美呈三足鼎立之势的发展阶段。日本一直以来都是领域内最重要的技术来源国，其有效专利数量一度占据全球有效专利数量的50%以上，不过日本早期的有效专利逐渐接近到期失效，未来几年的技术竞争形式可能发生扭转。中国也在不断追赶和突破激光器研发制造关键技术，逐渐成为半导体激光器领域最大的技术来源国。

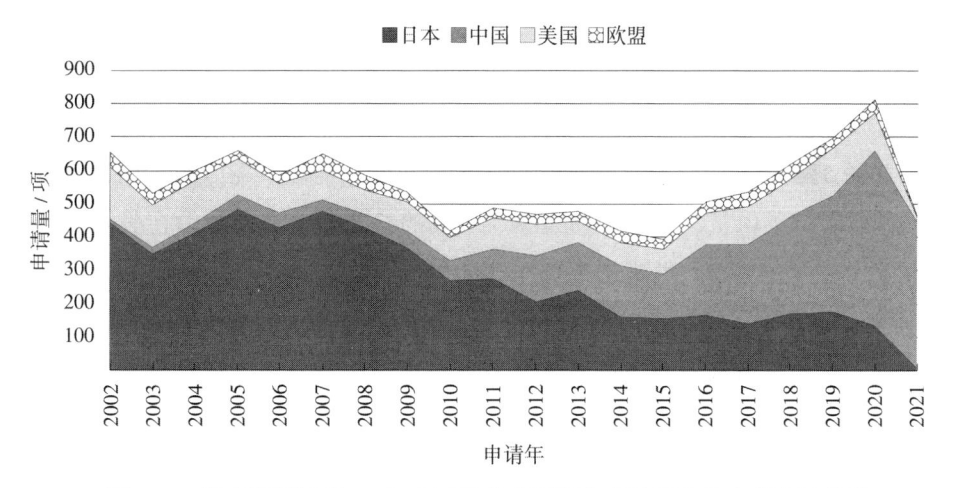

图5-1 激光器领域近20年主要技术来源国家或地区有效专利申请趋势

如图5-2所示，从美国、中国、日本、欧盟和韩国这五个主要国家或地区的有效专利分布来看，专利权人数量分别为482人、607人、141人、314人和39人，有效专利数量分别为2903项、2166项、1370项、792项和73项。美国是各国专利权人争相布局的国家，技术竞争最为激烈，技术壁垒也更高。

中国专利权人数量多、有效专利数量位列第二位，专利权人平均有效专利拥有量为3.56项，呈现出技术竞争激烈、创新主体多，但技术壁垒仍在搭建的态势。日本有效专利数量多，但专利权人数量较少，专利权人平均有效专利拥有量为9.71项，表明日本激光器市场竞争已经接近饱和，专利壁垒较高。欧盟和韩国有效专利数量和专利权人数量均较少，技术竞争相对而言不太激烈，尚未形成专利壁垒。

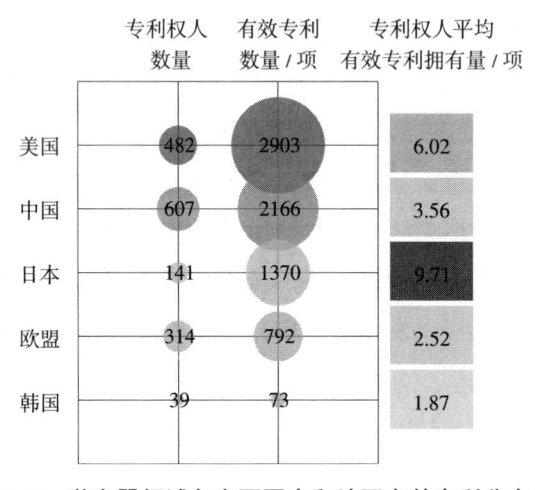

	专利权人数量	有效专利数量/项	专利权人平均有效专利拥有量/项
美国	482	2903	6.02
中国	607	2166	3.56
日本	141	1370	9.71
欧盟	314	792	2.52
韩国	39	73	1.87

图 5-2 激光器领域各主要国家和地区有效专利分布

如图 5-3 所示，从主要申请人专利布局来看，美国市场方面，以日亚化学、住友、三菱电机、夏普、理光等为代表的日本企业非常注重在美国的专利布局，住友、三菱电机两家企业在美的有效专利数量甚至比本国有效专利数量还多，足见各企业对美国市场的重视程度，各方在美国建立起了较高的专利壁垒。中国市场方面，日本等国的企业相对而言对中国市场的专利布局较弱，没有建立起较高的专利壁垒，同时，中国市场涌现出以中科院半导体所、华为、山东华光、常州纵慧芯光为代表的众多创新主体，技术市场较为广阔。日本市场方面，基本以日本企业为主，市场较为封闭，专利壁垒较高，外部企业仅有高意和三星有零星专利布局。欧盟也是各创新主体争夺的市场之一，但各创新主体的专利布局数量较少，专利壁垒相对较低，技术竞争相对不激烈。韩国则是各创新主体专利布局数量最少的国家，技术市场也十分广阔。

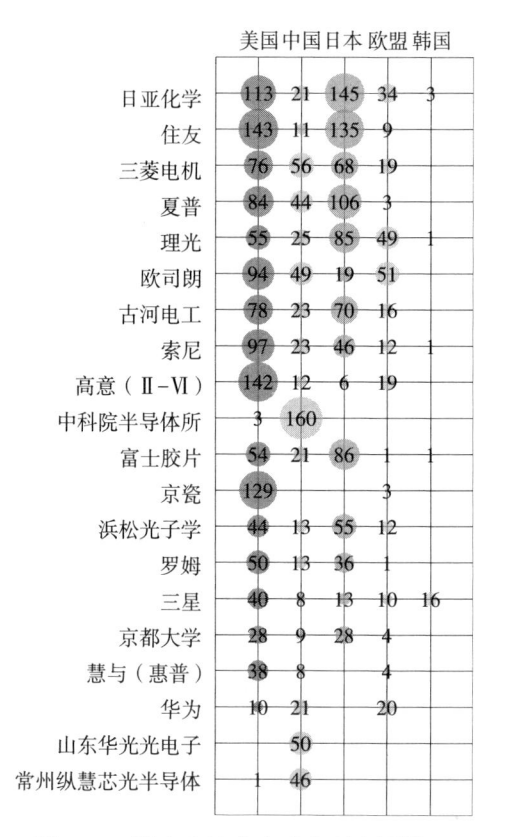

第5章 泉州市化合物半导体产业发展对策建议

申请人	美国	中国	日本	欧盟	韩国
日亚化学	113	21	145	34	3
住友	143	11	135	9	
三菱电机	76	56	68	19	
夏普	84	44	106	3	
理光	55	25	85	49	1
欧司朗	94	49	19	51	
古河电工	78	23	70	16	
索尼	97	23	46	12	1
高意（Ⅱ-Ⅵ）	142	12	6	19	
中科院半导体所	3	160			
富士胶片	54	21	86	1	1
京瓷	129			3	
浜松光子学	44	13	55	12	
罗姆	50	13	36		
三星	40	8	13	10	16
京都大学	28	9	28	4	
慧与（惠普）	38	8		4	
华为	10	21		20	
山东华光光电子		50			
常州纵慧芯光半导体	1	46			

图 5-3 重点申请人全球专利布局情况

中、美、日、欧是激光器主要市场，美、日两国竞争激烈风险较高，中、欧具有更大市场机遇，全球其他国家或地区专利风险较低，市场机会广阔。专利的特点之一就是具备地域性，因此同一技术领域在各个国家实施的专利风险是不同的。如图 5-4 所示，对各国家或地区有效专利及在审、PCT 指定期内的专利进行统计，目前激光器技术领域专利全球布局主要集中在中国、美国、日本、欧盟等国家或地区，其中欧盟布局最多的是德国和欧洲专利局。中国有 3635 项（35.45%）、美国 3468 项（33.82%）、日本 1667 项（16.26%）、欧盟 1215 项（11.85%），其他国家总计仅占 2.62%，中国、美国、日本和欧盟国家是激光器领域专利申请较为活跃的国家，专利侵权风险较高。

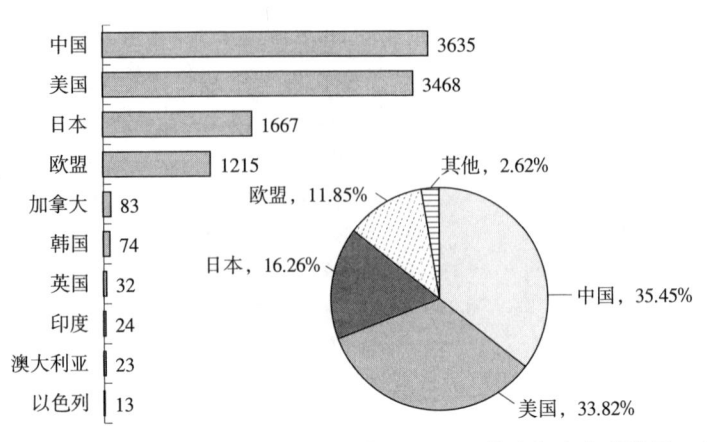

图5-4 激光器领域各主要国家或地区有效、在审及PCT指定期内专利数量（单位：项）

如图5-5所示，近年来，我国已成为有效及在审专利数量增长最快的国家，市场竞争日趋激烈，专利侵权风险快速提升，伴随产业快速发展，其风险的表现形式为市场竞争各方在激烈的市场竞争中通过专利制度保护创新成果、限制竞争对手发展。日本市场相对成熟，近年来也有一些新申请专利，其风险的表现形式为，市场竞争中具有先发优势的企业通过专利制度限制新进入企业发展，巩固其领先优势。美国、欧盟市场则表现出一定的活力，其风险的表现形式为市场竞争主体通过技术创新和专利布局开辟新的战场、与竞争对手形成差异化竞争局面。

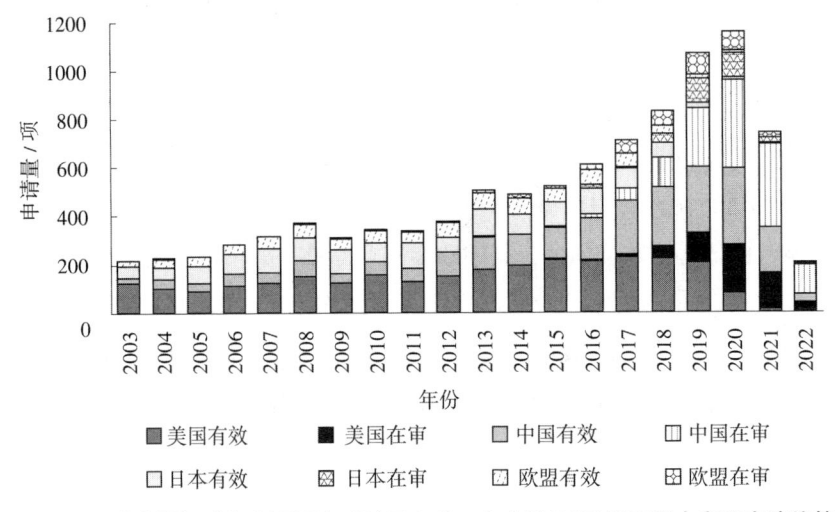

图5-5 激光器领域各主要国家或地区有效、在审及PCT指定期内专利申请趋势

如图5-6所示,从有效专利来看,日本对外布局专利占比较高,其向海外布局专利量占其专利布局总量的一半以上,主要去向是美国和中国等海外市场。与此同时,申请人赴日布局的专利数量相对较少,在日本市场的专利风险则更多地集中在日本本土的竞争主体之间,市场相对封闭,在一定程度上体现出海外申请人在日本布局专利的风险相对较小。而中、美、欧三地则面临着国际化的市场竞争,中、美两国技术流入最多,国际专利风险较大。从在审专利流向来看,中国依旧是专利流入最多的国家,美国、欧洲对外布局加快,日本依旧在积极对外布局,激光器领域全球竞争格局悄然发生变化,对于中国企业来说在面临国内竞争压力的同时,由于我国对外专利布局较为薄弱,海外专利风险也在提高。

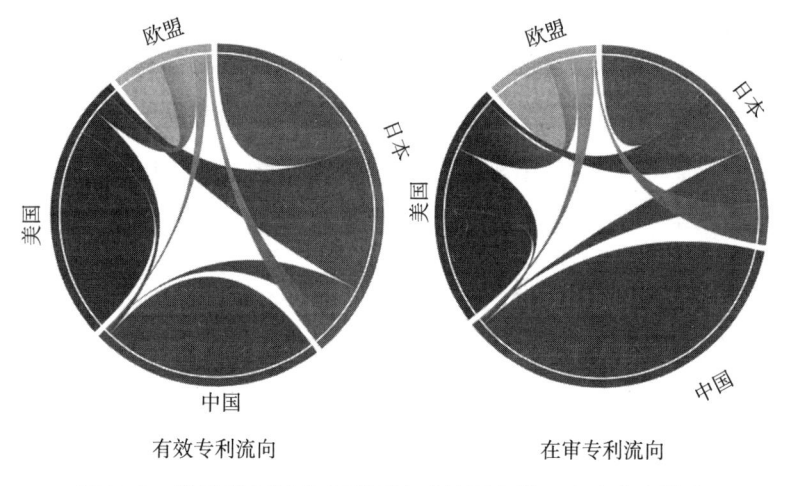

图5-6 激光器领域各主要国家或地区有效、在审专利流向

如图5-7所示,从市场竞争主体来看,日本企业占据了中、美、日、欧主要市场的半壁江山,以日亚化学、住友为代表的头部企业积极在美国、日本两国开展专利布局,美国和日本是龙头企业争相布局的国家,专利风险较高,而中国和欧盟则专利风险相对较低,中国市场体量较大而龙头企业布局较少,有着较大的发展空间。另外,中国国内企业实力略显薄弱,仅有中科院半导体研究所一家科研院所进入全球前10,而没有中国企业上榜,激光器领域技术产业化仍有较长的路要走。

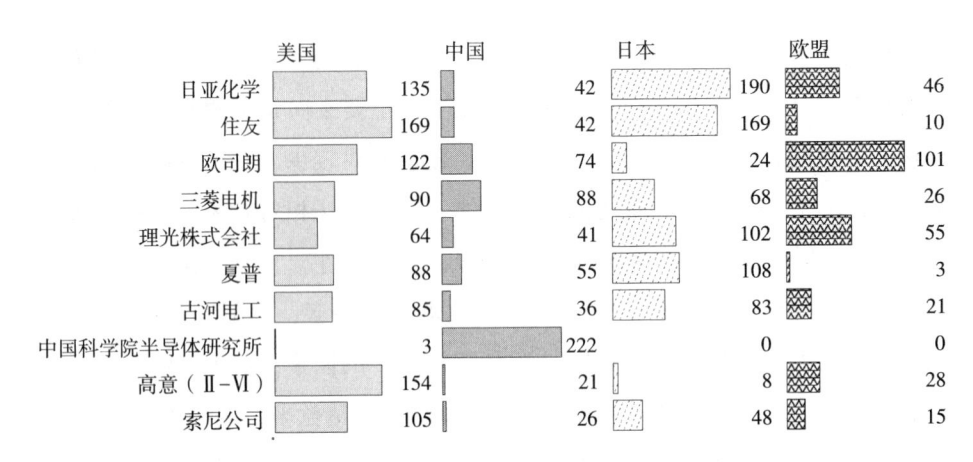

创新主体	美国	中国	日本	欧盟
日亚化学	135	42	190	46
住友	169	42	169	10
欧司朗	122	74	24	101
三菱电机	90	88	68	26
理光株式会社	64	41	102	55
夏普	88	55	108	3
古河电工	85	36	83	21
中国科学院半导体研究所	3	222	0	0
高意（II-VI）	154	21	8	28
索尼公司	105	26	48	15

图 5-7 主要创新主体专利在主要国家或地区有效、在审专利数量（单位：项）

美国、日本、欧盟专利保护环境相对成熟，龙头企业已经在三地市场深耕多年，且建立起了竞争优势，并积极运用专利武器压制竞争对手，因此我国企业不仅要在本土做好专利风险预案，在进军美国和欧洲市场时同样需要做好风险预案，日本市场呈现出饱和的态势，进军日本市场充满不确定性。中国本土市场是专利布局最多的区域，随着中国知识产权环境的不断改善及产业不断发展，专利纠纷会逐渐向中国迁移。因此国内企业需要抓紧时机，做好弹药储备，以备不时之需。相对而言，目前除四个主要国家/地区，其他国家/地区专利风险较低，中国企业可以在相应的市场加紧布局。印度、澳大利亚、新加坡等亚太地区国家的风险等级更低，是一片巨大的蓝海，我国企业"走出去"的过程中应在这类国家合理布局激光器专利，并优先考虑核心专利组合的布局。

5.2.2 技术研发路径建议

可调谐、高功率、提高准确性和稳定性是激光器技术革新热点方向，未来应瞄准激光加工、激光雷达、激光医疗、量子通信、光纤通信等领域扩充产品序列。

重点创新主体在美国、欧盟等发达地区的专利布局能够较大程度上反映出行业内较为领先的技术水平，通过对这些专利进行梳理能够体现当下的技术竞争格局和前沿技术发展动向。本节对激光器领域重点创新主体的新申请情况进行梳理，每一年选出 4 件代表性专利以剖析前沿技术发展动向，具体如图 5-8 所示。

2019
- US20210408762A1 高意 定制高功率VCSEL阵列
- EP3591772B1 高意 激光刻面的量子阱钝化结构
- US10931085B2 华为 超结构光栅和可调谐激光器
- US10797468B2 慧与（惠普）多波长半导体激光器

2020
- US20220158417A1 高意 多波长VCSEL阵列和制造方法
- JP2021129015A 古河电工 激光装置及其控制方法
- WO2021168853A1 华为 一种DFB激光器
- US20210104867A1 通快光电器件 具有小脉冲延迟的VCSEL阵列

2021
- US20210376569A1 古河电工 波长可调激光装置及波长控制方法
- US20210288469A1 华为 二段DBR激光器和单片集成阵列光源芯片
- US20210265820A1 精工爱普生 半导体激光器和原子振荡器
- US20210305769A1 住友电工 量子级联激光器

图 5-8　重点海外专利技术

2019 年，高意（Ⅱ-Ⅵ）在美国申请了一件定制高功率 VSCEL 阵列专利，公开（公告）号为 US20210408762A1。同年，高意（Ⅱ-Ⅵ）在欧专局申请了一件激光刻面的量子阱钝化结构专利，公开（公告）号为 EP3591772B1，标志着激光器领域已进入高功率时代。

华为、慧与、高意、古河电工申请的超结构光栅和可调谐激光器（US10931085B2）、一种 DFB 激光器（WO2021168853A1）、多波长半导体激光器专利（US10797468B2）、多波长 VCSEL 阵列和制造方法（US20220158417A1）、波长可调激光装置及波长控制方法（US20210376569A1）、激光装置及其控制方法（JP2021129015A）专利均涉及可调谐、多波长的激光器，表明可调谐、多波长的激光器是近年来的前沿热点研究方向。

此外，华为技术有限公司申请的一种 DFB 激光器（WO2021168853A1）通过提高光栅耦合系数、减小直接调制激光器腔长，降低镜损耗；光电器件有限公司申请的具有小脉冲延迟的 VCSEL 阵列（US20210104867A1）通过缩短脉冲延迟，提高测量准确性；华为技术有限公司申请的二段 DBR 激光器和单片集成阵列光源芯片（US20210288469A1）通过两段式的结构设计提高调谐热效率和减少热串扰；精工爱普生株式会社申请的半导体激光器和原子振荡器（US20210265820A1）通过添加层压板结构降低应力、避免位错；住友电工申请的量子级联激光器（US20210305769A1）通过结构设计降低相邻电极间放电效应。

半导体激光器经过多年的发展，应用已经逐步覆盖蓝光播放器（405nm）、CD播放器（780nm）、DVD播放器（655nm）、可调谐光纤（556nm、606nm）、电信网络（510nm、852nm、1550nm）、激光脱毛（760nm、808nm）、工业激光（1470nm、1550nm、1940nm、2100nm）、激光雷达（1530nm、1560nm）等诸多波段。随着半导体激光器在大功率技术等方面取得突破性进展，半导体激光器逐步向各行各业渗透，主要的下游应用包括激光加工、激光照排、激光照明、激光投影、激光雷达、激光医疗、光纤通信、量子通信、传感测量、激光美容、能量传输等领域。半导体激光器重点下游应用如图5-9所示。

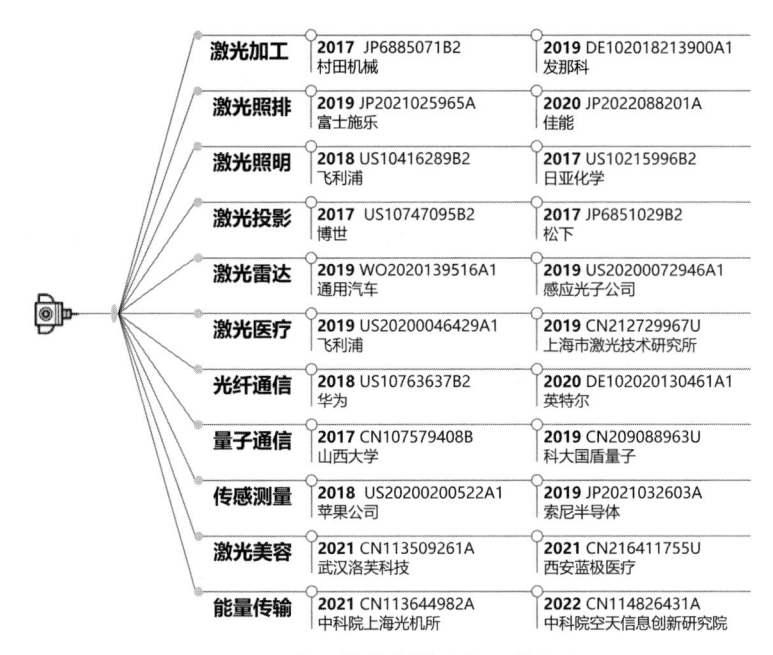

应用领域	专利1	专利2
激光加工	2017 JP6885071B2 村田机械	2019 DE102018213900A1 发那科
激光照排	2019 JP2021025965A 富士施乐	2020 JP2022088201A 佳能
激光照明	2018 US10416289B2 飞利浦	2017 US10215996B2 日亚化学
激光投影	2017 US10747095B2 博世	2017 JP6851029B2 松下
激光雷达	2019 WO2020139516A1 通用汽车	2019 US20200072946A1 感应光子公司
激光医疗	2019 US20200046429A1 飞利浦	2019 CN212729967U 上海市激光技术研究所
光纤通信	2018 US10763637B2 华为	2020 DE102020130461A1 英特尔
量子通信	2017 CN107579408B 山西大学	2019 CN209088963U 科大国盾量子
传感测量	2018 US20200200522A1 苹果公司	2019 JP2021032603A 索尼半导体
激光美容	2021 CN113509261A 武汉洛芙科技	2021 CN216411755U 西安蓝极医疗
能量传输	2021 CN113644982A 中科院上海光机所	2022 CN114826431A 中科院空天信息创新研究院

图5-9 半导体激光器重点下游应用

JP6885071B2专利权人为村田机械，属于激光加工领域。采用发出加工用激光的激光振荡器和多个激光元件配置成阵列状，利用这些激光元件输出照明用激光,再利用照明用激光照亮工件,由工件进行成像。通过将多个激光元件配置成阵列状的激光器阵列作为照明光源,使得照明光的相干性低,能够有效降低拍摄到的干涉条纹或散斑图案。

WO2020139516A1 申请人为通用汽车巡航控股有限责任公司,属于激光雷达领域,提供了一种 FMCW 激光雷达系统,包括第一激光器、第二激光器、光学谐振器、单个调制器、合束器以及前端光学器件,采用第一波长为 1530nm、第二波长为 1560nm 的红外线激光器,通过激光源生成频率调制光学信号,包括一系列连续的光学线性调频脉冲,其中每个线性调频脉冲内的频率随时间变化。FMCW 激光雷达系统的接收器可接收反射光学信号,测量每个反射光学线性调频脉冲相对于参考光学线性调频脉冲的频移和/或相移,可得到目标相对于 FMCW 激光雷达系统的距离和/或速度。

US20200046429A1 申请人为飞利浦,属于激光医疗领域,提供了一种激光导管系统,包括护套和激光导管,手柄被耦合到护套上,激光导管能被平移地设置在所述护套内。激光导管远端布置至少一个发射器,该设备能够将激光诱导的压力波递送到脉管闭塞,以便在不向钙化和/或纤维状部分施加液压力的情况下破坏钙化和/或纤维状部分。

US10763637B2 专利权人为华为,属于光纤通信领域,提供了一种生成光信号的器件,包括激光器、第一调制器、第二调制器、第一调整模块和合束器,通过在激光器两端分别输出光信号,并在每一端利用调制器进行调制,再利用调整模块调整调制后的光信号的相位或到达合束器的光程,最终在合束器中对两端的光信号进行合成并输出合成信号。这样能够降低生成光信号的器件成本,同时不再需要使用分束器对光信号进行分束,从而能够简化器件结构,使器件实现小型化。

CN107579408B 专利权人为山西大学,属于量子通信领域,提供了一种基于光波导的单光子源产生装置。单光子源产生装置是量子密码学、量子保密通信和量子计算领域的核心部件,单光子源产生装置包括第一激光器、第二激光器、第一光纤耦合器、第二光纤耦合器、中心填充有碱金属原子的光波导、超高反射率腔镜、高反射率腔镜和环形压电陶瓷,通过控制环形压电陶瓷的长度可保证超高反射率腔镜与高反射率腔镜之间的腔长与待产生的单光子的波长之间满足驻波腔条件。超高反射率腔镜和高反射率腔镜上均镀有指定波长的膜，通过该膜产生特定波长的单光子。

泉州激光器未来可以瞄准激光加工、激光雷达、激光医疗、量子通信、光纤通信等领域覆盖更多波长范围，围绕可调谐、高功率、高准确性和稳定性扩充产品序列，占领更大下游市场。

5.3 夯实本地主体培育，保障产业链安全

5.3.1 做优本地企业培育

企业是产业链供应链的实施主体。在第 4 章已经对泉州市企业的本地专利申请情况进行了统计分析，在此基础上，为了全面获悉企业的创新实力，本小节将进一步定位企业的整体专利申请数据（不局限本地），并以此为入口，探究泉州本地企业培育路径。经统计，在泉州市化合物半导体企业中，申请量在 100 项以上的企业有 1 家；申请量为 10~100 项的企业有 5 家；申请量在 10 项以下的企业有 48 家，所占比重最大，具体如图 5-10 所示。

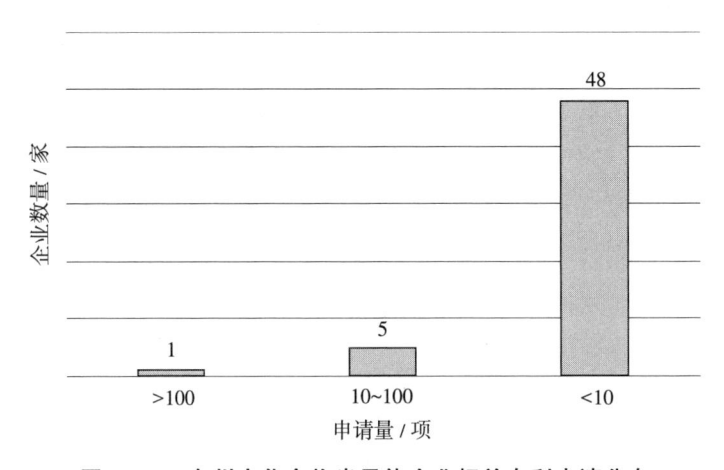

图 5-10 泉州市化合物半导体企业相关专利申请分布

1. 以龙头企业引领区域产业发展

化合物半导体在建项目推荐关注企业如图 5-11 所示。从在建项目来看，

2022年泉州市安排重点项目820个，总投资12039亿元，年度计划投资1845亿元。其中，三安高端半导体系列项目是泉州芯谷南安分园区引进的首个龙头项目，总投资约333亿元（含公共配套设施投资），全部项目计划五年内实现投产、七年内达产，经营期限不少于25年，达产后将实现年销售收入270亿元。泉州三安半导体作为当之无愧的区域龙头企业，项目建设主要集中于化合物半导体制造技术领域。可鼓励三安持续加大研发力度，以高端发展为目标，培育成为全产业链型国际巨头。与此同时，重点支持和培育其与本地化合物半导体应用、设备等方向的技术交流，促进本地产业向好向快发展。

图 5-11　化合物半导体在建项目推荐关注企业

三安光电下属企业专利申请分布如表 5-1 所示。从企业分布来看，三安光电作为国内成立最早、规模最大、品质最好的全色系超高亮度 LED 外延及芯片产业化生产基地，目前已经在福建、安徽、天津、湖北等地设有下属企业，围绕化合物半导体产业关键技术持续完善专利布局。从这些企业出发，关注其集团公司相关技术创新成果，可借助福建本地企业开展交流、培训等形式的合作，或者以专利转让、许可、组建"专利池"等方式，助力泉州市化合物半导体产业创新发展加速。

表 5-1　三安光电下属企业专利申请分布

所在地域	企业名称	申请量/项
福建厦门	厦门市三安光电科技有限公司	268
福建厦门	厦门市三安集成电路有限公司	156
福建厦门	厦门三安光电有限公司	132
安徽芜湖	安徽三安光电有限公司	101
福建泉州	福建晶安光电有限公司	83
天津滨海新区	天津三安光电有限公司	75
福建泉州	泉州三安半导体科技有限公司	20
湖北鄂州	湖北三安光电有限公司	4
福建厦门	厦门三安电子有限公司	3
福建泉州	泉州市三安集成电路有限公司	2

2．以创新企业厚植产业发展动能

通过聚焦本地企业调研成果和专利数据，综合考虑企业专利申请量、在泉州本地的申请量占比等情况，给出表 5-2 所列泉州市化合物半导体产业推荐优先培育创新企业名单。创新企业包括优质创新企业和潜力型创新企业，如天电光电、中科光芯、慧芯激光、博泰半导体、钧石能源等企业，可以进行重点扶持和培育，激励优质创新企业持续研发，进一步激发潜力型创新企业专利技术研发热情，促进本地创新企业在专业领域做大做强，形成特定环节的龙头企业。

表 5-2　泉州市化合物半导体产业推荐优先培育创新企业

序号	企业名称	所属园区	成立时间	注册资本	相关申请量/项	泉州申请量占比	企业类别
1	天电光电	安溪分园区	2013/8/8	30000 万元	11	100%	优质创新企业
2	福建省海佳集团股份有限公司	安溪分园区	2011/9/9	10000 万元	6	100%	潜力型创新企业

续表

序号	企业名称	所属园区	成立时间	注册资本	相关申请量/项	泉州申请量占比	企业类别
3	福建北电新材料科技有限公司	安溪分园区	2017/3/31	11045万元	5	100%	潜力型创新企业
4	福建省晋华集成电路有限公司	晋江分园区	2016/2/26	2036838.637万元	6	100%	潜力型创新企业
5	晋江三伍微电子有限公司	晋江分园区	2018/9/5	110.9956万元	4	100%	潜力型创新企业
6	福建中科光芯	园区外	2011/8/25	16137.1954万元	27	52%	优质创新企业
7	福建慧芯激光科技有限公司	园区外	2019/2/27	1000万元	7	100%	潜力型创新企业
8	泉州市金太阳电子科技有限公司	高新技术电子信息产业园区	2003/2/11	1000万元	7	100%	潜力型创新企业
9	泉州博泰半导体	—	2011/2/17	50万元	15	100%	优质创新企业
10	福建钧石能源	—	2008/2/2	6980万美元	14	100%	优质创新企业
11	米亚索乐装备集成（福建）有限公司	—	2016/11/21	50000万元	7	71%	潜力型创新企业
12	福建金石能源有限公司	—	2016/3/3	21486.42766万元	5	100%	潜力型创新企业
13	福建新峰二维材料科技有限公司	—	2016/1/8	5000万元	4	100%	潜力型创新企业
14	福建省德化县腾兴陶瓷有限公司	—	1992/5/14	300万元	3	100%	潜力型创新企业
15	泉州市康电光电科技股份有限公司	—	2012/7/20	200万元	3	100%	潜力型创新企业
16	福建铂阳精工设备有限公司	—	2008/12/15	14808.782万元	3	67%	潜力型创新企业

3. 以本地高校武装企业创新研发

根据前述创新主体相关调研情况可知，泉州本地企业与华侨大学、厦门大学、福州大学等高校之间联系较为紧密。从上述三所高校化合物半导体相关专利数据出发，通过人工阅读并结合多维度指标，梳理相关重点专利，形成了重点专利清单，见表5-3。建议利用推动校企之间专利运营、构建专利联盟与专利池等多种形式武装企业创新研发力量。另外，企业还可以通过与学校联合共建实验室联合培养、采取委托项目形式培养人才等途径参与到高校人才培养的过程中，进一步推动产业创新及资源整合。

表5-3 本地主要高校产业相关重点专利列表（部分）

序号	公开（公告）号	标题	主要技术领域	申请人
1	CN207938961U	基于金属腔的表面等离激元激光器	器件模组	华侨大学
2	CN106041706B	蓝宝石晶片腐蚀抛光复合加工机床	制备工艺	
3	CN106217235B	蓝宝石晶片腐蚀抛光复合加工方法	制备工艺	
4	CN104064658B	一种LED显示屏及其3D显示装置	器件模组、器件应用	福州大学
5	CN109256455A	一种光效提取和无像素干扰的全彩化Micro-LED显示结构及其制造方法	器件模组、器件应用	
6	CN107887331A	一种Micro-LED发光显示器件的制备方法	器件应用	
7	CN108919560A	一种量子点彩膜背光结构	器件应用	
8	CN109768027A	一种Micro-LED显示屏的结构和制造方法	器件应用	
9	CN109256456A	一种实现Micro-LED显示出光效率提升和窜扰降低的微结构及其制造方法	器件模组、器件应用	
10	CN110690329A	一种单端电学接触、单端载流子注入的μLED发光与显示器件及其制备方法	器件模组	

续表

序号	公开（公告）号	标题	主要技术领域	申请人
11	CN109256364B	基于复合相变材料射频前端小型化集成散热的封装结构	器件模组	厦门大学
12	CN108766897B	实现大功率 GaN 器件层散热的三维异质结构的封装方法	器件模组	
13	CN103022267A	一种 ZnO 球形空壳结构纳米颗粒阵列的制备方法	器件应用	
14	CN105304748A	双工作模式的 4H-SiC 紫外光电探测器及其制备方法	器件应用	
15	CN103151416B	垂直结构 InGaN 太阳能电池及其制备方法	器件应用	
16	CN103401614B	用于塑料光纤通信的光发射组件及其制备方法	器件应用	

5.3.2 做好本地人才培养

创新驱动实质上是人才驱动。发明人平均服务年限如图 5-12 所示。从人才流动情况来看，厦门市领域内发明人平均服务年限为 3.25 年，而泉州市领域内发明人平均服务年限相对较低，约为 1.6 年，表现出较大的人才流动性，可见泉州本地尚未形成完整的区域人才链，创新成果产出仍不够稳定，未来仍需以本地人才培养与外部人才引进相结合的方式继续巩固人才储备基础。本节主要围绕做好本地人才培养进行论述。

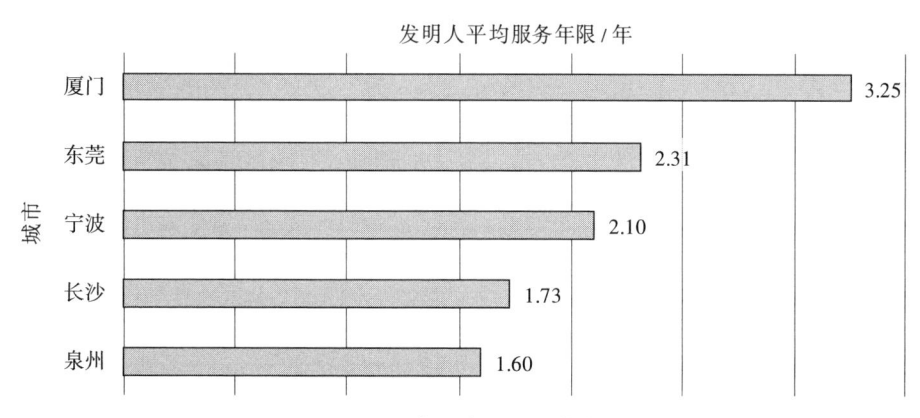

图 5-12 发明人平均服务年限

以此为着力点，建议聚焦本地重点人才并因人制宜针对性施策，支持拥有较强技术创新实力的人才、扶持具备较强创新支撑能力的人才。与此同时，着力挖掘富有潜力的创新型人才并帮持其更快成长，切实为产业发展提供坚强的人才智力支撑，促进本地人才链更好衔接产业发展。

1. 支持拥有技术创新实力的人才

通过考量泉州市发明人在化合物半导体各细分技术分支的专利产出数量及质量，选取排名靠前的本地发明人，得到推荐重点培育的拥有较强技术创新实力的人才名单，见表5-4。由表5-4可见，三安光电的人才储备相对丰富，涉及化合物半导体产业上、中、下游诸多技术环节。另外，晋华集成电路、中科光芯各有多名发明人排名靠前。在高校及科研院所方面，仅有泉州师范学院上榜，可见拥有技术创新实力的人才基本分布在企业。

表5-4 泉州拥有较强技术创新实力的人才

技术领域	技术分支	第一发明人	申请人	申请量/项
制备工艺	衬底	李志云	福建晶安光电有限公司	4
		李瑞评	福建晶安光电有限公司	4
		陈铭欣	福建晶安光电有限公司	4
		李彬彬	福建晶安光电有限公司	4
	外延生长	林朝晖	泉州市博泰半导体科技有限公司	2
器件模组	光电子器件	陈铭欣	福建晶安光电有限公司	18
		林朝晖	泉州市博泰半导体科技有限公司	13
		薛正群	福建中科光芯光电科技有限公司	11
	电力电子器件	黄治浩	泉州市三安集成电路有限公司	2
		童宇诚	福建省晋华集成电路有限公司	2
		陈敏腾	福建省晋华集成电路有限公司	2
		潘玉灼	泉州师范学院	2
器件应用	太阳能电池	李沅民	福建钧石能源有限公司	8
	半导体照明	徐翊翔	福建晶安光电有限公司	3
	通信	薛正群	福建中科光芯光电科技有限公司	6
	液晶显示	林建忠	福建省海佳集团股份有限公司	4

对于上述人才，建议通过建立人才创新创业联盟等方式，重点围绕化合物半导体产业的共性技术和重大关键技术进行攻关，通过自主创新和引进、消化、吸收、再创新，尽快掌握一批核心技术。依托创新创业联盟及创新型企业实施重大创新项目，吸引和凝聚更多高层次创新型科技人才，支持企业、科研院所与高等学校通过实质性研发合作，联合培养高层次领军人才和创新团队，找到共同的发力点，协同培养人才。另外，以拥有技术创新实力的企业人才为着力点，引导企业加强知识产权人才队伍建设，通过组织开展科创沙龙、专利推介、案例研讨、业务辅导、产业论坛、国际交流等专业化培训交流活动，持续推动高端知识产权管理人才培养工作，助力知识产权强企建设，为本地产业发展提供优质的人才和创新力支撑。

2. 扶持具备创新支撑能力的人才

通过综合考虑本地发明人专利申请情况及其在企业申请量中的占比，选取对企业/科研机构在领域内的研发进程起到重要创新支撑作用的发明人，得到推荐重点培育的具备创新支撑能力的人才名单，具体见表5-5。

表5-5　泉州具备创新支撑能力的人才

第一发明人	申请人	在企业相关申请中的占比
林朝晖	泉州市博泰半导体科技有限公司	100.00%
林建忠	福建省海佳集团股份有限公司	100.00%
鄢静舟	福建慧芯激光科技有限公司	85.71%
薛正群	福建中科光芯光电科技有限公司	66.67%
李沅民	福建钧石能源有限公司	66.67%
温秋玲	华侨大学	60.00%
卢杨	福建天电光电有限公司	55.56%

对于上述人才，建议继续从政策和资金等方面给予扶持，联合多方加强产业人才培养，同时引导企业在关怀、薪资、晋升等方面出台激励措施吸引人才、留住人才。另外，重视企业工程技术人才和管理人才培养，畅通人才上升通道，实施企业家培育工程，选派企业经营管理人才参加中小企业经营

管理领军人才培训、中小企业主管部门负责人能力提升培训等，有效提升企业人才的能力与素质。

3. 帮持富有产出发掘潜质的人才

通过分析本地化合物半导体产业人才2020年至检索日的专利成果产出的活跃程度，得到推荐重点培育的富有产出发掘潜质的人才名单，见表5-6。

表5-6 泉州富有产出发掘潜质的人才

第一发明人	申请人	近两年活跃度*
鄢静舟	福建慧芯激光科技有限公司	1.00
李瑞评	福建晶安光电有限公司	1.00
许志	福建新峰二维材料科技有限公司	1.00
孙凯	晋江三伍微电子有限公司	1.00
张超华	福建金石能源有限公司	1.00
霍曜	福建晶安光电有限公司	1.00
黄治浩	泉州市三安集成电路有限公司	1.00
魏洪荣	泉州市康电光电科技股份有限公司	1.00
夏安俊	泉州装备制造研究所	1.00
陈敏腾	福建省晋华集成电路有限公司	1.00
童宇诚	福建省晋华集成电路有限公司	1.00
谢昆达	泉州三安半导体科技有限公司	1.00
叶旺	福建中科光芯光电科技有限公司	1.00
郑贤良	福建晶安光电有限公司	1.00

* 活跃度指发明人专利申请量占企业申请总量的比例

对于上述人才，建议企业为员工提供更多的发展机会以及更大的发展空间，通过组织培训、讲座、交流等活动，提供更多的发展路径，并配套完善的制度和体系支持优质人才职业发展，发掘相关人才的创新能力与潜力，更大限度地激励人才发展。

5.4 对接外部优质资源，强化产业链安全

5.4.1 聚力外部优质人才招引

1. 立足优势环节

（1）优质产业人才

江苏和广东是化合物半导体产业孕育优质人才的沃土。其中，广东作为光电大省，深圳、佛山、东莞等地均拥有良好的产业基础，江苏也拥有南京、苏州、常州、扬州、南通等多个半导体产业集群。从这些地区的企业引进人才能够更快获取第一手产业资讯，有利于泉州市巩固自身发展优势及进军劣势领域，完善产业链布局。佛山国星半导体、TCL、京东方、乾照光电、华灿光电、康佳、全磊光电等公司的研发、管理团队都是可供引进的高水平人才。我国各地化合物半导体领域高水平产业人才如图 5-13 所示。

北京
- 豪尔赛科技集团股份有限公司：戴聪棋
- 京东方科技集团股份有限公司：罗程远

福建
- 厦门乾照光电股份有限公司：林志伟
- 厦门乾照半导体科技有限公司：彭钰仁、田宇
- 全磊光电股份有限公司：单智发

江苏
- 常州纵慧芯光半导体科技有限公司：梁栋、张成
- 苏州全磊光电有限公司：单智发
- 常州市莱士尚豫光电科技有限公司：吴坚
- 罗化芯显示科技开发(江苏)有限公司：罗雪方

浙江
- 华灿光电(浙江)有限公司：姚振、郭炳磊

广东
- 佛山市国星半导体技术有限公司：崔永进、王兵
- 河源市众拓光电科技有限公司：李国强
- 中山市风华稀柠照明设计有限公司：郭月强
- 深圳光峰科技股份有限公司：李乾
- 深圳市鸿屹科技有限公司：杨金泉
- 惠州正奇事业有限公司：谯川林
- 深圳市思拓科技有限公司：刘召军
- 深圳TCL新技术有限公司：杨敏娜
- TCL科技集团股份有限公司：何斯纳
- 深圳市辰中科技有限公司：李小丁
- 深圳市天合光电有限公司：黄俊

重庆
- 重庆康佳光电技术研究院有限公司：王涛

陕西
- 西安科锐盛创新科技有限公司：冉文方、左瑜

图例：制备工艺 LED 激光器 半导体照明 液晶显示

图 5-13 我国各地化合物半导体领域高水平产业人才

崔永进，佛山市国星半导体研发中心副主任工程师。佛山市国星半导体技术有限公司（以下简称国星半导体）为佛山市国星光电股份有限公司的全资子公司，于 2011 年 3 月在广东新光源产业基地成立，专注于研发、生产、销售可用于照明、显示、背光的高品质 LED 外延材料和芯片。崔永

进从事 LED 芯片制造中晶圆制造、切割、外延生长等工艺研究及 LED 芯片研究，专利申请集中在 LED 领域，包括一种倒装 LED 芯片及其制作方法（CN110600592A）、一种 LED 芯片（CN209418533U）、一种具有抗打击电极的 LED 芯片（CN208127230U）等。

（2）优质科研人才

科研人才方面，可通过瞄准国内顶尖科研人才，储备技术攻关关键力量。由专利数据可见，诸多优秀的领域内科研人才拥有持续的创新成果产出，以泉州市科研与产业实际为出发点，通过科研创新锻造产业发展长板，聚焦制备工艺、LED、激光器、液晶显示四大领域，加快光电产业链尖端科技重点突破与资源整合，通过人才前置布局为技术创新储备技术攻关关键力量。我国各地化合物半导体领域顶尖科研人才如图 5-14 所示。

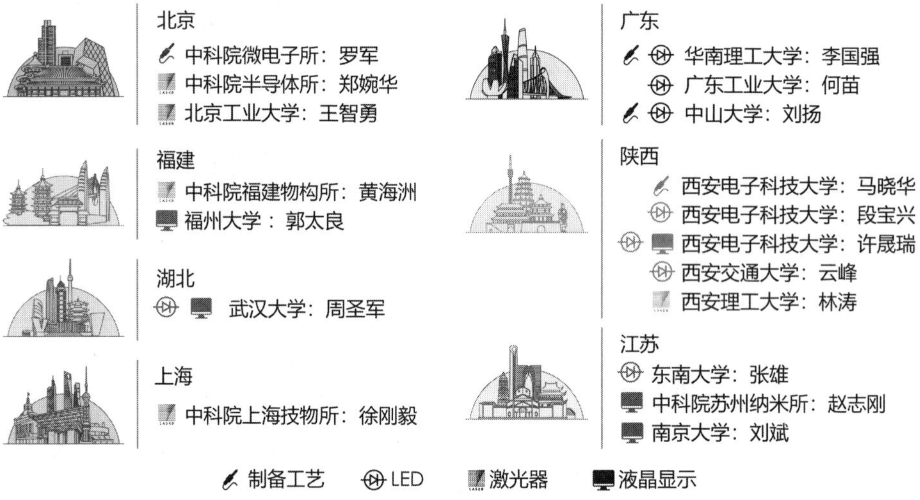

北京
- 中科院微电子所：罗军
- 中科院半导体所：郑婉华
- 北京工业大学：王智勇

广东
- 华南理工大学：李国强
- 广东工业大学：何苗
- 中山大学：刘扬

福建
- 中科院福建物构所：黄海洲
- 福州大学：郭太良

陕西
- 西安电子科技大学：马晓华
- 西安电子科技大学：段宝兴
- 西安电子科技大学：许晟瑞
- 西安交通大学：云峰
- 西安理工大学：林涛

湖北
- 武汉大学：周圣军

上海
- 中科院上海技物所：徐刚毅

江苏
- 东南大学：张雄
- 中科院苏州纳米所：赵志刚
- 南京大学：刘斌

图例：制备工艺　LED　激光器　液晶显示

图 5-14　我国各地化合物半导体领域顶尖科研人才

罗军，中科院微电子所研究员，岗位教授，先导中心集成电路创新技术部主任，中国科学院青年创新促进会会员。曾主持或参与多项科研项目，包括"采用 PRCVD 外延法在硅衬底上直接制备石墨烯的研究""Si 衬底外延生长 GaN 及 GaN-on-Si HEMTs 相关研究"，以及"极大规模集成电路制造装备及成套工艺"子课题"22 nm 平面器件"和子课题"16/14nm FinFET 器件"等。其科研团队主要研究方向为：集成电路工艺与器件、金属硅化物及接触技术、MRAM 集成技术。其专利申请涵盖外延生长领域"半导体器件及其制造方法"（CN102479812B）、"SiC 晶体管领域碳化硅欧姆接触结构的形成方法及 MOS 晶体管的制备方法"（CN113178414A）和"SiC 二极管领域低源漏接触电阻 MOSFETs 及其制造方法"（CN103000675B）等。

周圣军，武汉大学动力与机械学院副研究员，有着丰富的产业界经历，曾先后任职于广东量晶光电科技有限公司及佛山国星光电股份有限公司，担任研发主管，负责广东量晶光电科技有限公司的大功率 LED 芯片及高压 LED 芯片的研发和产业化工作，主导研发的大功率 LED 芯片的发光效率达到 150lm/W，该技术指标已达到国际领先水平。在佛山国星工作期间，研制全自动 SMD LED 在线测试分选设备，负责研发的 LED 在线测试分选设备已经应用于多家 LED 封装企业的产品生产线。其研发团队研究方向为大功率 LED 芯片设计与制造、先进电子制造装备及成套工艺、3D 打印、光电检测技术。周圣军深耕光电领域，研究涵盖上中下游，在衬底、LED 领域申请了"一种 InGaN 图形衬底模板及其制备方法和在红光 Micro-LED 芯片中的应用"（CN111864020A）专利，在液晶显示领域申请了"一种全彩化 Micro-LED 显示面板及其制造方法"（CN114023867A）专利，是光电领域全产业链型的科研人才。

2. 聚焦高端人才

中国专利奖是我国专利领域的最高奖项，代表了专利行业内的最高荣誉，也充分体现了获奖单位专利方面的实力及相关发明人强劲的技术研发能力，本节通过关注获奖专利的发明人聚焦高端人才，得到推荐引进、合作、关注的专利奖获奖人才名单。

（1）优质产业人才

半导体领域专利奖获奖专利众多，研发方向较为广泛，例如乾照光电、晶能光电均有多人获得专利奖，研发实力不俗。通过引进专利奖获奖产业人才，能够有效加快泉州本地的科学研究补强升级，迅速提升技术硬实力。企业专利奖获奖人擅长的化合物半导体领域见表 5-7。

表 5-7　企业专利奖获奖人擅长的化合物半导体领域

发明人	所属企业	1-1 衬底	1-2 外延生长	2-1 光电子器件 2-1-1 LED	2-1 光电子器件 2-1-2 激光器	2-2 电力电子器件 2-2-1 SiC 二极管	2-2 电力电子器件 2-2-2 SiC 晶体管	2-2 电力电子器件 2-2-3 GaN HEMT	2-3 射频器件 2-3-1 GaN 射频器件	2-3 射频器件 2-3-2 MMIC	3-1 太阳能电池	3-2 半导体照明	3-3 通信	3-4 液晶显示	推荐等级
林志伟	厦门乾照光电	▥									▥				★★★
张银桥											▥				★★
卓祥景				▥											★★
史伟	山东海富光子				▥										★★★
程世友	浙江晶日科技												▥		★★★
黄北洲	惠科股份有限公司												▥	▥	★★★
封波	晶能光电（江西）			▥			▥								★★
熊传兵			▥	▥											★★★
王冬雷	大连德豪光电			▥											★★
李冬泽	TCL 华星光电				▥										★★
罗师	江苏华兴激光														★★
田有良	青岛海信激光显示			▥											★★
袁根如	上海蓝光科技			▥											★
李宗涛	佛山国星光电			▥											★
孙平如	深圳聚飞光电			▥											★

史伟，山东海富光子董事长，天津大学教授、博士生导师。山东海富光子科技股份有限公司成立于2012年，是一家从事高端光纤激光技术研发的高科技企业，技术和产业化团队包括中科院院士、知名光纤激光器行业专家、著名高校博士等。史伟博士主要从事光纤激光技术和太赫兹技术方面的研究。在高功率和窄线宽光纤激光器、基于非线性光学和光泵浦气体增益的THz波源以及新型固体激光器和光场调控方面取得一系列研究成果，并将光纤激光器推向产业化，研制的光纤激光器已批量应用于工业和国防领域。史伟研究的技术领域涵盖激光器及其下游光纤通信领域，在激光器领域申请了"一种基于光纤激光器做非线性差频而产生的中红外激光源"（CN102983489A）专利，在通信领域申请了"一种基于光纤激光器做非线性差频而产生的太赫兹源"（CN103001111A）专利等。

程世友，浙江晶日科技董事长。浙江晶日科技以"创民族品牌，建百年晶日"为企业愿景，20年来一直专注户外LED城市道路照明及户外专业市场领域，开发的智能照明及敏捷的数字网络，助力智慧城市、平安城市、交通网络、信息查询、智慧旅游等领域实现高效智能运营和敏捷创新。晶日近年来积极转型，发力智能照明领域，将智能照明产品与通信系统有机融合，丰富照明体验。程世友在半导体照明领域申请了多件专利，如"一种LED灯具的组装方法及组合式LED灯具"（CN102095183A）、"温度感应调光的LED庭院灯"（CN201916809U）等专利，还在通信领域申请了"远程阶梯式无线控制路灯装置"（CN202005022U）专利，扩展了户外照明产品的功能，丰富了使用场景。

（2）优质科研人才

与此同时，科研机构的专利奖获奖发明人同样值得关注，他们往往有着较高的技术贡献度，并且在领域内也拥有一定的知名度。从获奖专利发明人来看，中科院半导体研究所的三位发明人团队的研究领域相对广泛，能够有效串联上下游，并且能有力填补泉州市产业和科学研究的空白，具体见表5-8。

表5-8 高校院所专利奖获奖人擅长的化合物半导体领域

发明人	所属高校院所	1-1 衬底	1-2 外延生长	2-1 光电子器件 2-1-1 LED	2-1 光电子器件 2-1-2 激光器	2-2 电力电子器件 2-2-1 SiC 二极管	2-2 电力电子器件 2-2-2 SiC 晶体管	2-2 电力电子器件 2-2-3 GaN HEMT	2-3 射频器件 2-3-1 GaN 射频器件	2-3 射频器件 2-3-2 MMIC	3-1 大阳能电池	3-2 半导体照明	3-3 通信	3-4 液晶显示	推荐等级
伊晓燕	中科院半导体所			▥											★★★
郑婉华	中科院半导体所				▥						▥		▥		★★★
祝宁华	中科院半导体所				▥						▥		▥		★★★
李璞	太原理工大学				▥								▥		★★★
张明江	太原理工大学				▥						▥		▥		★★★
陆卫	中科院上海技物所	▥													★★★
孙伟锋	东南大学						▥	▥							★★
霍宗亮	中科院微电子所						▥								★★
朱慧珑	中科院微电子所								▥						★★
汤勇	华南理工大学			▥											★★
章秀银	华南理工大学												▥		★★
陈孝敬	温州大学				▥								▥		★★
蒋庄德	西安交通大学		▥												★★
严辉	北京工业大学		▥											▥	★
钱佩信	清华大学													▥	★
邱勇	清华大学													▥	★

156

郑婉华，女，博士，研究员，中科院院士，博士生导师。1988 年于山东大学光学系激光专业获学士学位，1991 年于中国科学院物理研究所光物理实验室获硕士学位，同年进入中国科学院半导体研究所工作，1998 年于香港浸会大学理学院获理学博士学位。现任中国科学院固态光电信息技术创新重点实验室主任、中科院半导体所学术委员会和学位委员会成员。郑婉华长期从事半导体人工微结构材料与器件的研究，在国内首次实现 InP、GaAs 基光子晶体面发射、边发射激光器的突破；在光子集成新技术方面，研制出国内首个具有自主知识产权的晶片键合、清洗系统；在联合调控光子态和电子态获得高性能激光输出的研究方面取得了系统的创新性成果，低发散角光子晶体激光技术成功进行技术转移。其科研团队主要研究方向为人工微纳结构材料与高性能光子晶体激光器、硅基光子集成与光量子模拟芯片。

郑婉华的研究领域主要涉及激光器及下游光纤通信领域，申请了通信领域"单空间模低发散角窄线宽复合光子晶体激光器"（CN109412015A）、激光器领域"基于共面电极配置的倏逝波耦合硅基激光器及其制备方法"（CN114336287A）、"一种具有拓扑性质的条形半导体激光器阵列及其应用"（CN112909739A）、"3~5μm 红外波段雪崩光电二极管探测器及其制作方法"（CN108630781A）等专利，郑婉华研发覆盖面广，专利申请覆盖多种类型、多种波长、多种用途的激光器。

3. 追踪技术同源

区域外技术同源的发明人加强合作，加速产业结构调整与技术转型升级。通过专利之间的引证联系，能够精准寻找和发掘与泉州市主要技术较为同源的特定研发防线上的"小同行"，彼此之间有着较小的研发背景隔阂，更利于开展合作研发。与泉州技术同源性较高的研究团队如图 5-15 所示。

图中文字：

引用&被引 — 泉州

浙江　浙江大学何赛灵、张溪文等

福建　中科院福建物构所王元生等　厦门大学康俊勇、黄凯、卢诗强

湖北　华中科技大学孔武斌

北京　中科院半导体所刘素平、朱洪亮、梁松等　中科院微电子所刘新宇、刘洪刚、常虎东等　清华大学孙长征、熊兵、罗毅、黄缙等

江苏　中科院苏州纳米所梁秉文、张涛

陕西　西安电子科技大学张进成、郝跃、任泽阳等

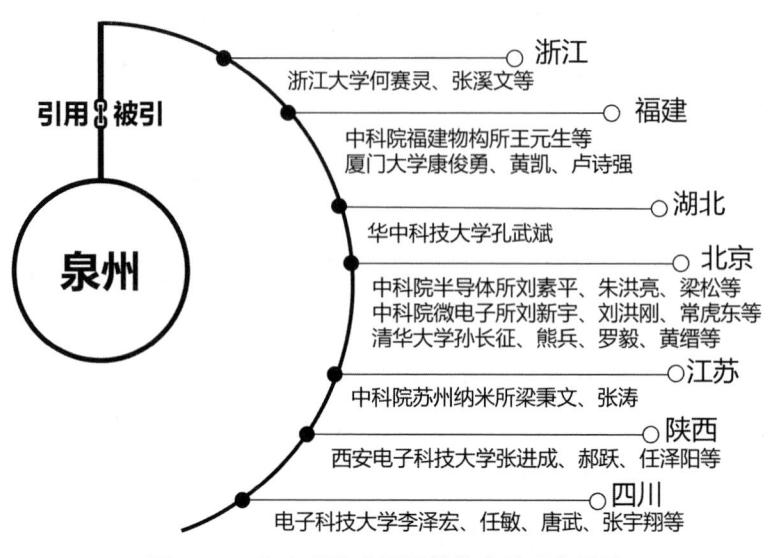

四川　电子科技大学李泽宏、任敏、唐武、张宇翔等

图 5-15　与泉州技术同源性较高的研究团队

中科院半导体所刘素平（激光器）、朱洪亮（激光器）、梁松（激光器）等，中科院微电子所刘新宇（射频器件）、刘洪刚（射频器件）等，中科院福建物构所王元生（激光器），厦门大学康俊勇（LED）、黄凯（LED）等均是与泉州市研发方向高度一致的研发团队，与之开展合作能够有效避免重复研发且有力促进技术升级，有利于高校科研成果的产业化实施运用。

4. 着眼技术广度

本节从全产业链角度出发，旨在找到可供合作的具有较为雄厚且完善技术储备的技术研发者，进一步为泉州市化合物半导体产业加快产学研协同创新步伐提供助力。

高校院所中有众多具有全产业链视野的研发团队，研发领域覆盖从上游至下游的全产业链，是对全产业链技术提升和产业链整合大有助益的研发人才。具有全产业链视野的高校院所研发团队见表 5-9。

第5章 泉州市化合物半导体产业发展对策建议

表5-9 具有全产业链视野的高校院所研发团队

发明人	所属高校院所	1-1 衬底	1-2 外延生长	2-1 光电子器件	2-2 电力电子器件	2-3 射频器件	3-1 太阳能电池	3-2 半导体照明	3-3 通信	3-4 液晶显示	推荐等级
王智勇	北京工业大学			▮	▮		▮		▮	▮	★★★
许晟瑞	西安电子科技大学		▮	▮	▮	▮	▮		▮	▮	★★★
王永进	南京邮电大学		▮	▮	▮		▮	▮		▮	★★★
马晓华	西安电子科技大学		▮	▮	▮	▮	▮		▮		★★
薛军帅	西安电子科技大学			▮	▮	▮	▮		▮		★★
黎大兵	中科院长光机所	▮	▮	▮	▮	▮	▮		▮		★★
李国强	华南理工大学	▮	▮	▮	▮	▮	▮		▮		★★
廖小平	东南大学			▮	▮	▮	▮		▮		★★
郑婉华	中科院半导体所			▮	▮	▮					★
孙慧卿	华南师范大学			▮	▮	▮					★
张进成	西安理工大学			▮	▮	▮		▮			★
王洪	华南理工大学（中山）			▮	▮				▮		★
周圣军	武汉大学	▮		▮	▮					▮	★
张金平	电子科技大学				▮						★
段宝兴	西安电子科技大学	▮		▮	▮						★

159

王智勇，北京工业大学国家产学研激光技术中心副主任，大功率半导体激光器实验室主任。其研发团队主要研究方向为大功率高光束质量半导体激光技术、高亮度半导体泵浦源技术、大功率光纤激光及其应用技术、激光非成像光学技术等，技术领域覆盖产业链上下游。其在太阳能电池领域申请了"一种GaInP/GaAs/Ge/Si四结太阳能电池及其制备方法"（CN112289881A）专利，在外延生长领域申请了"一种全色微型LED阵列垂直外延制备方法"（CN107946417A）专利，在激光器领域申请了"一种同带光子级联半导体激光器"（CN114336284A）专利，覆盖产业链诸多环节。

许晟瑞，西安电子科技大学教授、博士生导师。博士毕业于西安电子科技大学微电子学与固体电子学专业，2011年留校工作，2017年破格晋升教授、博导。长期从事宽禁带半导体材料与器件的研究，其研发团队主要研究方向为宽禁带半导体材料和器件与GaN基LED，研发方向同样涵盖化合物半导体上下游诸多领域。许晟瑞在诸多技术领域均有专利申请，如在电力电子器件领域申请了"基于质子辐照处理的金刚石基InAlN/GaN高电子迁移率晶体管及制备方法"（CN112736135A）专利，用于液晶显示的"非极性GaN基微型发光二极管及制备方法"（CN112736168A）专利以及LED领域的"基于ScAlN/AlGaN超晶格p型层的高效发光二极管及制备方法"（CN108899403A）专利等。

此外，南京邮电大学的王永进、西安电子科技大学的马晓华、西安电子科技大学的薛军帅、中科院长光机所的黎大兵及华南理工大学的李国强等团队也在化合物半导体领域有着较为广泛的技术研究，同样可作为合作研发的主要关注对象。

5.4.2 做好外部优质企业引进

1. 关注国内重点企业

国内龙头企业拥有着资金、技术等方面的巨大优势，同时往往在产业链、供应链上掌握着较大的话语权。通过与国内龙头企业强强联合，能够迅速提升泉州市企业的竞争力，打开高端市场。另外，这些企业在多地均已设立分支机构，在泉州开设分支机构的机会相对较大。化合物半导体产业国内龙头企业见表5-10。

第5章 泉州市化合物半导体产业发展对策建议

表5-10 化合物半导体产业国内龙头企业

申请（专利权）人	1-1 衬底	1-2 外延生长	2-1 光电子器件		2-2 电力电子器件			2-3 射频器件		3-1 太阳能电池	3-2 半导体照明	3-3 通信	3-4 液晶显示	推荐等级
			2-1-1 LED	2-1-2 激光器	2-2-1 SiC二极管	2-2-2 SiC晶体管	2-2-3 GaN HEMT	2-3-1 GaN射频器件	2-3-2 MMIC					
中芯国际	☆	★			★		☆			☆		☆		★★★
中国电子科技集团	★	☆	★	★	★	★	★	★	★	★		★	★	★★★
京东方	☆		☆	☆	☆	☆				☆	★	★	★	★★★
华为			★			☆	☆			☆			★	★★
TCL			★		☆	☆							★	★★
小米	☆										☆	☆	☆	★
比亚迪														★

161

中国电子科技集团技术领域遍及上中下游，中国电子科技集团第十三研究所、第五十五研究所分别位于石家庄市和南京市，研究方向覆盖化合物半导体产业诸多领域，例如射频器件领域的"一种射频前端芯片结构"（CN111224688B）、GaN HEMT 领域的"基于极化掺杂的 GaN 横向肖特基二极管"（CN103400864B）等。

小米、京东方分别是通信、液晶显示领域的龙头企业，但同时也在其他领域有所布局，如京东方申请的"射频双工器电路及射频基板"（CN215956 6359U）专利，小米申请的"一种背光模组和显示装置"（CN215770341U）专利等，两家公司均在福建设有分公司或子公司。比亚迪下设比亚迪半导体股份有限公司，2007 年即成立 LED 项目部进入光电领域，其在 LED 和半导体照明领域有着一定的技术储备，随着下游应用带动，比亚迪在电力电子器件尤其是 SiC、IGBT 领域具有较高的技术水平，申请了如"一种具有内置二极管的 IGBT 结构"（CN202796961U）等专利。结合其他信息来看，根据爱企查相关数据显示，比亚迪还持有福建金石能源的股份，与泉州企业合作的可能性较高。

2. 关注重点区域企业

由第 4 章可知，泉州市化合物半导体产业链仍然存在一定短板，主要表现为电力电子、射频器件、通信及液晶显示等领域基础较为薄弱。随着 5G、数据中心等蓬勃发展，化合物半导体在通信领域必将大放异彩，在此契机下，补足产业链短板、提升产业链供应链抗风险能力、提高产业链安全性迫在眉睫。可供引进的企业名单及技术领域分布如图 5-16 所示。

其中，中国电子科技集团作为技术领域齐全的"巨无霸"企业是非常合适的招引对象。另外，江苏、广东等地企业在诸多领域发展起步较早，部分企业已具备较强的技术实力及研发表现，目前区域内已形成了在诸多技术领域内具有较高技术水平和市场规模的公司，包括华为、中兴、小米、中芯国际、康佳、奇美电子等行业龙头，也有成立 10 年的独角兽企业苏州能讯高能半导体有限公司等。

第 5 章 泉州市化合物半导体产业发展对策建议

```
北京                                      广东
  中国电子科技集团                           中山德华芯片技术有限公司
  紫石能源有限公司                           TCL集团股份有限公司
  北京小米移动软件有限公司                    英诺赛科(珠海)科技有限公司
  京信网络系统股份有限公司                    深圳市汇芯通信技术有限公司
  京东方科技集团股份有限公司                  华为技术有限公司
                                           深圳市时代速信科技有限公司
福建                                        中兴通讯股份有限公司
  厦门乾照光电股份有限公司                    深圳市思坦科技有限公司
  天马微电子股份有限公司
                                         四川
江苏                                        成都海威华芯科技有限公司
  南京长峰航天电子科技有限公司
  和舰芯片制造(苏州)股份有限公司            浙江
  苏州捷讯威半导体有限公司                    奇美电子股份有限公司
  苏州能讯高能半导体有限公司
  苏州汉骅半导体有限公司                   重庆
  泰州隆基乐叶光伏科技有限公司                重庆康佳光电技术研究院有限公司

上海                                      陕西
  中芯国际控股有限公司                       陕西亚成微电子股份有限公司
  上海祖强能源有限公司

  电力电子器件    射频器件    太阳能电池    通信    液晶显示
```

图 5-16 可供引进的企业名单及技术领域分布

苏州能讯成立于 2011 年,致力于高能半导体的研究和产业化,采用整合设计与制造(IDM)的业务模式,率先在中国开展了宽禁带半导体氮化镓(GaN)功率半导体芯片、器件及模块的研发与商业化,为 5G 移动通信基站、宽频带通信等射频领域和工业控制、电源、电动汽车等电力电子领域提供高效率的功率半导体产品及解决方案。尤其是在 GaN 功率芯片和射频芯片领域,苏州能讯 2020 年即成为苏州集成电路 20 强企业,在 GaN HEMT 领域申请了"一种场效应晶体管"(CN101924129B)、"基于金刚石衬底的氮化物半导体器件及其制备方法"(CN103779193A)、"异质结结构及其制备方法、异质结场效应管及其制备方法"(CN104009077A)等专利,在射频器件领域申请了"一种射频器件及其制作方法"(CN102810564B)、"一种微波集成放大器电路及其制作方法"(CN104113289B)等专利。

3. 关注台商重点企业

中国台湾是半导体产业的全球产业基地,台商拥有着大量的技术储备,深耕多年半导体产业的同时也积累了大量资本。泉州与台湾隔海相望,且有着良好的台商投资基础,引进具有强大供应链带动能力的台商集团有利于提升泉州市化合物半导体产业链的完整度和安全性,同时也是迅速提升泉州市化合物半导体产业的竞争力的有力手段。台商集团主要情况见表5-11。

表5-11 具有产业链带动整合能力的台商集团

申请（专利权）人	1-1 衬底	1-2 外延生长	2-1 光电子器件 2-1-1 LED	2-1 光电子器件 2-1-2 激光器	2-2 电力电子器件 2-2-1 SiC二极管	2-2 电力电子器件 2-2-2 SiC晶体管	2-2 电力电子器件 2-2-3 GaN HEMT	3-1 太阳能电池	3-2 半导体照明	3-3 通信	3-4 液晶显示	推荐等级
友达光电	▂▃	▂▃			▂▃	▂▃		▂▃			▂▃	★★★
联华电子		▂▃			▂▃	▂▃	▂▃					★★
荣创能源	▂▃	▂▃	▂▃	▂▃					▂▃			★★
奇美电子			▂▃			▂▃					▂▃	★★
鸿海集团	▂▃	▂▃				▂▃		▂▃	▂▃			★
錼创显示			▂▃								▂▃	★

友达光电、联华电子等都是领域内知名的大企业。联华电子在江苏设有子公司和舰芯片制造（苏州）股份有限公司，在技术方面涵盖上中游诸多领域，在外延生长领域获得了"制作应变硅沟道金属半导体晶体管的方法"（CN100585816C）专利授权，SiC晶体管领域获得了"非平面晶体管的制作方法"（CN103107089B）专利授权，在GaN HEMT领域申请了"高电子迁移率晶体管及其制作方法"（CN114628511A）、"半导体元件"（CN113964119A）等多项专利。鸿海集团即为富士康的母公司，在大陆开设多座工厂，主要经营电子设备组装业务，但其还在太阳能电池、半导体照明领域持有大量专利。奇美电子已经在宁波设立子公司，生产液晶显示屏。联华电子、鸿海集团与奇美电子在中国大陆地区表现出较好的投资基础。

4. 关注省内重点企业

福建省内本身具有良好的化合物半导体产业基础，随着化合物半导体产业一小时供应链的构建，泉州可以通过与省内产业主体深化合作共赢达到完善产业链、加快一体化融合发展进程的良好效果。福建省内产业链互补的企业名单见表5-12。

表 5-12　福建省内产业链互补的企业名单

申请（专利权）人	1-1 衬底	1-2 外延生长	2-1 光电子器件 2-1-1 LED	2-1 光电子器件 2-1-2 激光器	2-2 电力电子器件 2-2-1 SiC二极管	2-2 电力电子器件 2-2-2 SiC晶体管	3-1 太阳能电池	3-2 半导体照明	3-3 通信	3-4 液晶显示	推荐等级
厦门天马微电子										▇	★★★
厦门芯光润泽					▇	▇					★★★
厦门芯一代		▇			▇	▇					★★★
矽照光电				▇					▇	▇	★★★
联芯集成电路		▇				▇					★★
厦门三优光电					▇			▇	▇		★★

其中，厦门天马微电子主攻液晶显示领域，申请了多件显示面板及显示装置专利（CN113889496A、CN113126352A等）、背光模组及液晶显示设备专利（CN106405938A）等。厦门芯光润泽和厦门芯一代分别在SiC二极管和SiC晶体管领域申请了"一种碳化硅半导体场效应晶体管"（CN207909865U）、"一种具有超结结构的槽栅型IGBT半导体功率器件"（CN213184295U）等专利。天马微电子、芯光润泽、芯一代、三优光电等企业能够很好地弥补泉州在电力电子、液晶显示、通信等领域的不足，与泉州产业形成有效互补。同时，厦门与泉州互相毗邻，从地理上没有过大的隔阂。

5.5　提升协同创新水平，筑牢产业链安全

科技创新是提高社会生产力的战略支撑，是经济高质量发展的重要驱动力。根据党的二十大报告提出的要求，我们将集聚整合全球化的力量，追求高质量的发展路程，不断追求科技创新、技术进步，有效地推动各项资源向

世界更高水平去迈进。

5.5.1 健全知识产权保障体系

产学研合作是企业发展的内在需求，是增强企业自主创新能力、提升市场竞争力的重要途径。在产学研协同创新合作中知识产权保护得完善与否，是决定协同创新合作能否有序推进的重要因素。据此，以下几点建议可供参考。

1. 发挥知识产权保护中心既有资源优势

工作基础：泉州市知识产权保护中心开展专利预审、快速维权、保护协作、运用促进等多方面工作，对于助力泉州市化合物半导体产业发展将发挥积极作用。

路径建议：依托现有信息资源开展专利的数据检索、信息分析等工作，指引本地企业在化合物半导体产业找准关键技术创新方向，同时，聚焦海外知识产权纠纷应对中存在的难点和痛点，建立泉州企业海外知识产权纠纷应对的指导和协助机制，为泉州市化合物半导体产业相关企业提供海外知识产权维权技术支撑。

2. 提升企业知识产权保护意识

工作基础：以丰泽区为例，丰泽区检察院办理的区域首起涉知识产权犯罪案件经验入选全国检察机关依法保障科技创新8个典型案例，写入中央政法委献礼改革开放40周年专题汇报片。

路径建议：通过定期举办针对协同创新、外部合作、人才培养的宣讲会、培训会等方式，一方面，进一步完善知识产权保护体系和长效协作机制，引导产学研多方合作，同时通过知识产权保护制度的完善，更好地解决知识产权保护中申请流程管理、技术保密、权利归属等问题。另一方面，做好化合物半导体领域知识产权实务型人才的培养工作，完善多元化纠纷解决机制、专项扶助配套政策，形成有效维护创新发展的知识产权保障体系。

3. 增强创新主体知识产权运用能力

工作基础：泉州市知识产权质押融资建设已有一定基础，以晋江为例，通过出台投融资激励政策，包括但不限于鼓励企业自主开展股权投资、给予生产型企业及设计企业贴息支持、基于并购规模予以支持。

路径建议：以泉州市本地企业为主导，以高校科研机构为辅助，积极建立有效的知识产权质押融资体系，通过知识产权质押融资缓解协同创新合作融资难题。推动企业在并购、股权流转、对外投资等活动中加强知识产权资产管理，支持企业开展形式多样的知识产权资本化运作，形成知识产权从成果产出、申请保护到转化效益的良性循环。

5.5.2 强化跨区域协作联动

由第 4 章分析可见，泉州市已集聚了一批如三安光电、晶安光电等实力较强的企业，但企业在化合物半导体领域产出的研究成果不多，创新主体间的联合研发开展尚不活跃。未来，建议泉州本地企业积极对接国内产学研等创新主体联合模式较为成熟的区域，学习、借鉴并更新先进经验，壮大本地企业技术力量。

经统计，北京、上海和广东作为国内创新资源集聚的主要区域，其创新主体间的联合研发最为活跃，领跑国内其他省份及区域，联合专利量高达 500 项以上，江苏、浙江、四川等省份紧随其后。基于上述分析，一方面，建议泉州市依托本地企业基础，结合本地企业合作意愿，与上述活跃度较高的区域积极开展合作，更广泛地凝聚企业合力，共同推动泉州企业协同发展。另一方面，泉州本地科研机构数量相对较少，除了加强本地科研主体与产业主体的交流合作外，还应关注区域外重点高校、科研院所，深化特色方向的合作发展，将科学研究、成果转化、产业发展紧密结合，进一步推动泉州市化合物半导体产业技术创新和提高企业的竞争力。

5.6 围绕应用多重发力，提升产业链安全

化合物半导体产业的发展离不开下游应用市场的快速增长。随着5G商业化、光通信和3D感测等的高速发展，与之对应的化合物半导体射频器件、电力电子器件、光电子器件前景广阔。化合物半导体的研究应当与下游应用领域企业紧密贴合，抓住市场需求，抢占行业发展先机，将下游应用领域发展打造成区域化合物半导体产业新增长极。

5.6.1 抢抓产业发展机遇

1) 借地缘优势促进产业联动发展。泉州邻近中国台湾地区，同时还是当年"海上丝绸之路"的起点。相对来说，台湾地区拥有齐全的半导体产业链，在全球产业链中也是重要的一环。如果两岸能够完美结合，将台湾地区的成熟技术和人才资源，与福建省内已有的政府、市场、资金等资源进行有效整合，形成内部力量和外部资源的有效对接，将成为泉州市化合物半导体产业发展的有力推动器。

2) 参考国内其他省市的有益经验模式。以昆明为例，近年来昆明市通过产业引导基金入股知名企业母公司或项目公司的方式引入相关产业，实现项目落地，发起设立产业发展基金、双创基金等多支产业引导基金及创业投资基金，最终达到"以基金撬动资本、以资本引入产业"的目的，已经先后引入闻泰科技等一批重大项目、双创企业落地昆明。

3) 以产业基金助力产业发展。根据实际情况，可以考虑出资入股几支以化合物半导体为主的投资基金。区域层面，通过将化合物半导体基金加入相关的"朋友圈"，从而对接全国化合物半导体的产业资源。企业层面，可借助专业投资基金的管理和资源优势，加强与产业链相关领域企业的合作，有助于企业发现和培育优质项目，提升在化合物半导体产业的资源整合能力。同时，产业基金投资于芯片设计相关标的，还可以为企业培育潜在优质客户，强化企业之间的全面战略合作。

5.6.2 促进产业链内循环

化合物半导体市场前景广阔，在国内产业政策大力支持的背景下，下游应用需求的持续向好为化合物半导体企业带来了许多实现快速崛起和发展的机遇。由专利数据来看，泉州市化合物半导体产业创新主体在半导体照明、液晶显示等下游 LED 领域具备较好的发展基础。在此基础上，建议以 LED 技术为抓手，通过促进产业链上下游协作配套，探索更紧密的合作模式，建立产业主体与政府、配套体系之间的密切协同等方式，依托下游需求进一步推动中上游产业发展，使"内循环"更加顺畅、有效，进而保障本地化合物半导体产业链供应链安全。表 5-13 给出了畅通"内循环"推荐关注的本地企业。

表 5-13 畅通"内循环"推荐关注的本地企业

序号	企业名称	所属重点领域 中上游主要企业	所属重点领域 LED 领域主要企业	涉及专利量/项 上游	涉及专利量/项 中游	涉及专利量/项 LED	相关主营业务/产品
1	福建晶安光电有限公司	√	√	27	50	5	2 英寸、4 英寸蓝宝石衬底平片和 PSS 图形化衬底
2	泉州三安半导体科技有限公司	√	√	2	11	7	集成电路设计、制造；光电子器件及其他电子器件制造；超高亮度发光二极管（LED）应用产品
3	泉州市博泰半导体科技有限公司	√		2	13	—	半导体、太阳能电池、LED 产品
4	福建省晋华集成电路有限公司	√		2	4	—	半导体集成电路开发，集成电路内存（DRAM）制造
5	福建省海佳集团股份有限公司		√	—	—	4	LED 显示应用产品

续表

序号	企业名称	所属重点领域 中上游主要企业	所属重点领域 LED领域主要企业	涉及专利量/项 上游	涉及专利量/项 中游	涉及专利量/项 LED	相关主营业务/产品
6	福建省华彩电子科技有限公司		√	—	—	2	LED电子显示屏
7	南安市广韵贸易有限公司		√	—	—	2	灯具
8	福建天电光电有限公司		√	—	—	2	LED材料、LED封装及灯具
9	泉州市晟彩光电科技有限公司		√	—	—	2	LED光电系列产品
10	福建新视觉光电科技有限公司		√	—	—	2	LED电子显示领域

5.6.3 聚力"一区三园"互促互融

在地理优势和国家战略的支持下，泉州半导体高新技术产业园区采用"一区三园"模式，打造半导体全产业链基地，初步建成集成电路、光芯片、射频芯片、高端光电芯片、特种材料五大产业链条。主要涵盖晋江集成电路产业园区、南安高新技术产业园区、安溪湖头光电产业园区。与此同时，以龙头企业为主要推动力量，落地晋华、三安两大龙头企业，致力打造化合物半导体、存储器和LED全产业链制造专业园区。

就在建项目情况及园区企业专利申请现状而言，晋江分园区的晋华集成电路、安溪分园区的晶安光电、南安分园区的三安半导体、园区外的中科光芯等诸多企业均在持续推动相关项目建成投产，这些企业已经形成了一定的专利成果产出，积累了较多的产业关键技术研发经验。下一步，建议泉州立足本地实际和优势，不断优化、提升"一区三园"建设，加强规划引导和政策扶持，强化人才支撑、科研支撑和金融支撑，推动化合物半导体产业相关项目建成建好，推动现有龙头项目做大做强，进一步激发区域内创新创造活力。

就知识产权运营角度而言，促进产业园区间的交流与合作，推动知识产权、资本、机构、人才与产业之间的融合发展，加速化合物半导体知识产权要素市场化流转与价值实现，提高要素市场化配置效率。建议通过形成若干细分领域专利池、专利组合运营资产，提升许可、转让的专利运营业态活跃度。另外，还可以通过投资孵化或引进一批区域重点产业及人才创业项目，促进区域内外部拥有核心专利竞争力的企业及拥有核心专利技术的高端人才涌现，加强交流、合作、引进机制构建，推动导航区域产业高质量发展，着力打造立足泉州、面向海峡两岸、辐射全国的知识产权生态圈。

5.6.4 提升产业品牌形象

区域品牌形象有助于为经济社会发展提供动力源、发力点，要善于以重大事件或重大活动为契机，打造区域品牌形象。经调研，近3年全国共举办数十场重要的产业论坛会议，包括第三届亚太碳化硅及相关材料国际会议、2022化合物半导体先进技术及应用大会、第二届碳基半导体材料与器件产业发展论坛等。本节系统梳理了2022年下半年国内举办的影响范围较大的产业论坛会议，见表5-14。

表5-14　国内化合物半导体产业相关会议/论坛（部分）

会议/论坛名称	主办/指导单位	时间	地点
第三届亚太碳化硅及相关材料国际会议	徐州经济技术开发区管理委员会	2022年7月20日至2022年7月22日	江苏徐州
2022化合物半导体先进技术及应用大会	太仓市科学技术局、雅时国际商讯	2022年8月3日至2022年8月4日	江苏苏州
第二届碳基半导体材料与器件产业发展论坛"探索碳基半导体产业化应用"	DT新材料宁波市生产力促进中心	2022年8月3日至2022年8月5日	浙江宁波
第十七届全国MOCVD学术会议	太原市人民政府	2022年8月16日	山西太原
2022世界半导体大会	—	2022年8月18日至2022年8月20日	江苏南京

行业知名度是吸引企业、人才的重要因素之一，较高的行业知名度能够迅速聚拢人才、吸引企业、完善本地产业链，构建本地产业集群。由于产业基础良好且行业知名度较高，江苏等地一直是举办国内化合物半导体相关会

议最多的城市，产业相关会议举办地有向江苏等地聚拢的趋势。与此同时，泉州市在 2019 年召开了 SEMI 中国化合物半导体标准技术委员会首次会议，积累了一定的会议举办经验，会议的影响力及辐射范围仍可进一步提升。据此，建议泉州市将国内重要的化合物半导体产业会议或论坛引入本地，依托重点园区、企业，扩张本地的行业知名度，进而迅速聚拢人才、吸引企业、完善本地产业链，致力打造全国领先的、具备国际竞争力的化合物半导体产业集群。